개정증보판
불교 범어 진언집

बुद्ध संस्कृतम् मन्त्र गाथ संहार

Buddha Samskrtam Mantra Gātha Samhāra

붓따 삼스크리탐 만트라 가타 삼하라

佛教 梵語 眞言集

Buddhist Sanskrit Mantra Compilation

불교 산스크리트 만트라 모음집

박지명

영남대 국문과를 졸업하고 1974년부터 인도명상을 시작하였다. 오랫동안 인도에 머물면서 상카라차리야(Shankaracharya)와 아드바이트 마트(Advait Mat) 명상 법맥인 스승 스와미 사르바다난드 마하라즈(Swami Sarvadanand Mahaaraj)에게 인도명상, 인도의 수행체계, 산스크리트 경전을 공부하였다. 현재 산스크리트 문화원(Sanskrit Cultural Institute)과 그 부설인 히말라야 명상센터(Himalaya Meditation Center)를 세워 자아회귀명상(自我回歸冥想)인 〈스바 삼 비드야 드야나(Sva Sam Vidya Dhyana)〉를 가르치고, 산스크리트 경전들을 번역하며 보급하고 가르치고 있다.

저서로는 《요가수트라》(동문선), 《요가수트라》(아마존(Amazon)출판사), 《하타요가프라디피카》(동문선), 《하타요가프라디피카》(아마존(Amzon)출판사), 《바가바드 기타》(동문선), 《우파니샤드》(동문선), 《베다》(동문선), 《반야심경》(동문선), 《범어 능엄주진언》(하남출판사), 《범어 신묘장구대다라니》(하남출판사), 《범어 관세음보살 42수진언》(하남출판사), 《인도호흡명상》(하남출판사), 《양·한방 자연요법 내 몸 건강백과》(웅진윙스), 《호흡명상》(물병자리), 《명상교전-비그야나바이라바 탄트라》(지혜의 나무) 등 외 다수가 있으며, 역서로는 《모든 것은 내 안에 있다》(지혜의 나무), 《히말라야성자들》(아힘신), 《요가》(하남출판사), 《자연요법백과 시리즈》(하남출판사), 《마음 밖에는 아무것도 없다》(물병자리) 등 외 다수가 있다.

산스크리트 문화원/히말라야명상센터 Tel. 02-747-3351
홈페이지 www.sanskrit.or.kr

개정증보판

불교 범어 진언집

지은이   박 지 명
펴낸이   배 기 순
펴낸곳   하남출판사

초판1쇄 발행 | 2019년 4월 30일
초판2쇄 발행 | 2023년 6월 15일

등록번호 제10-0221호

주소   서울시 마포구 도화동 173(삼창프라자) 1521호
전화번호 (02)720-3211(代) / 팩스   (02)720-0312
e-mail   hanamp@chol.com

ⓒ 박지명, 2019

ISBN   978-89-7534-242-4(93220)

개정증보판

बुद्ध संस्कृतम् मन्त्र गाथ संहार
ༀ ཧི ཅ ༀ ༀ ༀ

Buddha Samskrtam Mantra Gātha Samhāra

붓따 삼스크리탐 만트라 가타 삼하라

산스크리트, 실담어,
티벳어 원전을
로마나이즈, 한자,
한글로 풀어 본

佛教梵語眞言集

불교 범어 진언집

박지명 편저

 하남출판사

서문

불교의 진언(眞言) 또는 만트라(Mantra) 모음집을 정리하고 싶은 생각은
인도와의 오랜 깊은 인연으로 인도의 명상수행과 사상 그리고 산스크리트
(Sanskrit)를 만나고 부터이다.
부처님은 분명 옛날부터 존재했던 생생한 산스크리트어종을 썼을 것이며,
부처님 당시의 언어는 팔리(Pali)어든 그 외의 언어이든지 산스크리트와
연결된 언어이었을 것이다. 왜냐하면 불교의 여러 언어가 산스크리트어에서
파생되었기 때문이다. 또한 부처님 제자들이 수차례의 경전 결집을 통하여
구전(口傳)으로 전해내려오는 것을 문자화 시키는 작업도 진행되었다.

부처님 나라인 인도를 떠난 불교 언어는 다양하게 변하며 명맥을 유지했다.
부처님의 가장 오래된 언어인 팔리(Pali)어는 아쇼카(Aśoka)왕의 아들인
마힌다(Mahinda)에 의해 전해졌고, 스리랑카어인 싱할라(Sinhala)어,
티베트(Tibet)어인 서장어((西藏語), 싯담(Siddham)어인 실담(悉曇)어,
한자(漢字), 한국어 그리고 일본어 등을 지나면서 그 자신의 문화와 함께
아름답게 꽃을 피웠다.
남방불교의 팔리어와 싱할라어, 대승불교의 한자, 한국어와 일본어 그리고
티벳의 서장어로 각 나라 마다 그들은 대장경(大藏經)을 만들어 불교를
유지시키고 대중화하며 불교를 꽃 피우려고 노력하였다.
또한 나라마다 역사의 흐름이 바뀌어 국가 존립 위기에도 정신적인 기틀을
유지하기 위하여 불교의 경전과 사상을 수행하며 몸과 마음을 정립하였다.

인간은 대개 종교와 관계없이 사찰이나 교회 영향을 받아 삶의 질을
높이려 한다. 불교는 우리나라에서 오랜 인연을 갖고, 삶의 일부분으로
스며들어 있다. 불교 진리는 궁극적으로 사람에게 풍성한 정신적 또는
영적인 영향을 전달하기 때문이다.
불교는 참으로 위대한 종교이다. 불교의 매력인 포용성과 자유성을 지닌
다양한 불교 진언을 모든 언어의 근본인 산스크리트의 입장에서 새롭게
조명하고 싶었다. 이러한 작업이 다음의 좋은 사람들에 의해 더욱 아름답고
분명한 언어로 다시 나왔으면 하는 마음이다.

여기에 소개된 모든 진언이나 경구들은 최대한 산스크리트어의 입장에서
새롭게 조명하고자 하였다.

첫째, 원시불교(原始佛敎), 근본불교(根本佛敎) 또는 상좌부 불교(上座
部 佛敎)인 테라바다(Thravada) 불교를 산스크리트어와 같이 포함하여
작업하였다. 원래 팔리(Pali)어는 문자가 없어서 음가를 로마나이즈
(Romanize)로만 쓰여졌는데 이 경전들은 스리랑카와 동남아쪽으로 남전
대장경(南傳大藏經)과 함께 남아 있게 된다. 이 경전이나 게송들인 가타
(Gatha)를 산스크리트어로 같이 작업을 하였다.

둘째, 부파불교(部派佛敎)를 지나 대승불교(大乘佛敎)인 마하야나
(Mahayana) 불교가 일어나서 인도에서 융성하게 펼쳐지다가 사라진다.
중국도 한역만 남고 사라지나, 한역 경전들이 중국과 한국과 일본에 거대한
대장경을 남기게 된다. 그중 약간의 실담어 경전은 남았으며, 인도에서는
모든 경전과 학문의 집결지인 나란다(Naranda) 대학이 불타 없어지자
나란다 대학의 승원장 산타라크시타(Santaraksita)나 파드마삼바바
(Padmasambhava), 아티샤(Atisha)가 티베트로 건너가 많은 자료를 남기고
티베트 언어인 서장어로 산스크리트어와 닮아 있는 티베트 대장경이
남아 있게 된다. 중국불교는 이후 선불교(禪佛敎)가 발전되면서 대장경보다
선수행(禪修行)의 방향으로 발전되었다.
이 불교 범어 진언집은 가능하면 남방불교, 북방불교, 티베트 불교에서
팔리어, 실담, 서장어들의 자료들을 모아서 산스크리트어의 입장에서
재결집하여 모아 보았다.

셋째, 불교가 인도를 떠나 동남아나 중국과 또는 티베트를 거쳐 우리나라로
오면서 부처님 언어의 자취를 따라 가장 선호하는 남방불교의 게송인 가타
(Gatha)와 북방불교의 진언(眞言)인 만트라(Mantra), 티베트 만트라들이
민중과 수행자에게 많은 도움을 주었을 것이다. 이러한 불교의 좋은 진리의
단어들의 가장 원류를 찾아 실담어를 산스크리트어와 로마나이즈와 한글로
풀어보았다.

넷째, 우리나라에 조선시대에 왕비였던 인수대비(仁粹大妃)가 도움을 주어
만든 5대 진언집인 능엄주진언(楞嚴呪眞言), 신묘장구대다라니진언
(神妙章句大陀羅尼眞言), 관세음보살42수진언(觀世音菩薩四十二手眞言),
수구즉득다라니(隨求卽得陀羅尼), 불정존승진언(佛頂尊勝眞言)을
산스크리트어, 실담어, 로마나이즈 및 한글로 풀어보았다.

이 불교 범어 진언집이 나오도록 격려해 준 손지산 형님, 서말희 형수님,
그리고 언어학과 산스크리트를 전공하고 산스크리트어와 실담어 작업에
많은 도움을 준 이서경씨에게 감사드린다.
제자 이정훈, 최은진, 남경언, 김영창, 이수진, 정진희, 김윤정, 최효겸,
하정자, 윤순엽, 송의진, 김지민, 차민지씨 그리고 책작업을 도운 강승찬씨,
고향의 후배 우병철, 김현우, 김정렬, 김대건, 임종낙에게 이 책을 바친다.
책을 출판해 준 하남출판사 배기순 사장님께 감사드리며, 불교에 관심이
많은 나의 가족들과 세상을 떠난 나의 부모님과 형님과 제자 모두에게 이
책을 바친다.

마지막으로 이 범어(梵語) 또는 산스크리트어, 팔리어, 서장어, 실담어,
한자어, 한글로 된 이 불교진언집이 부처님의 가피(加被)를 통하여 많은
사람들이 힘든 세상을 잘 이겨 나갈 수 있도록 조금이나마 도움이 되기를
바란다.

목차

제1장
근본불교의 계송

제1장 근본불교 게송

स्थविरवाद्

Sthaviravāda

스타비라바다(테라바다)

상좌부 불교(上座部 佛敎)

बुद्धाभिवादना

Buddhābhivādnā

붓다비바다나

부처님예경(佛陀禮敬)

नमो तस्स भगवते अरहते संमा संबुद्धस्स

Namo tassa Bhagavato arahato sammā sambuddhassa

나모 땃사 바가와또 아라하또 삼마 삼붓다사

세존(世尊), 응공(應供), 정등각자(正等覺者)께 경배올립니다.

नमो तस्स भगवते अरहते संमा संबुद्धस्स

Namo tassa Bhagavato arahato sammā sambuddhassa

나모 땃사 바가와또 아라하또 삼마 삼붓다사

세존(世尊), 응공(應供), 정등각자(正等覺者)께 경배올립니다.

नमो तस्स भगवते अरहते संमा संबुद्धस्स

Namo tassa Bhagavato arahato sammā sambuddhassa

나모 땃사 바가와또 아라하또 삼마 삼붓다사

세존(世尊), 응공(應供), 정등각자(正等覺者)께 경배올립니다.

1. 삼귀의(三歸依)

त्रिशरण गमनम्

Trisarana Gamanam

트리사라나 가마남

삼귀의(三歸依)

बुद्धं शरणं गच्छामि

Buddham saranam gacchāmi.

붓당 사라낭 갓차미

부처님께 귀의합니다.

धर्मं शरणं गच्छामि

Dhammam saranam gacchāmi.

담망 사라낭 갓차미

진리에 귀의합니다.

संघं शरणं गच्छामि

Saṁghaṁ saranam gacchāmi.

상강 사라낭 갓차미

승가(僧伽)에 귀의합니다

दुतियंपि बुद्धं शरणं गच्छामि

Dutiyampi Buddham saranam gacchāmi.

두띠얌삐 붓당 사라낭 갓차미

두번째로 부처님께 귀의합니다.

दुतियंपि धर्मं शरणं गच्छामि

Dutiyampi Dhammam saranam gacchāmi.

두띠얌삐 담망 사라낭 갓차미

두번째로 진리에 귀의합니다.

दुतियंपि संघं शरणं गच्छामि

Dutiyampi Saṅghaṁ saranam gacchāmi.

두띠얌삐 상강 사라낭 갓차미

두번째로 승가에 귀의합니다.

ततियंपि बुद्धं शरणं गच्छामि

Tatiyampi Buddham saranam gacchāmi.

따티얌삐 붓당 사라낭 갓차미

세번째로 부처님께 귀의합니다.

ततियंपि धर्मं शरणं गच्छामि

Tatiyampi Dhammam saranam gacchāmi.

따티얌삐 담망 사라낭 갓차미

세번째로 진리에 귀의합니다.

ततियंपि संघं शरणं गच्छामि

Tatiyampi Saṅghaṁ saranam gacchāmi.

따티얌삐 상강 사라낭 갓차미

세번째로 승가에 귀의합니다.

스승으로서의 부처님(佛), 영적인 안내자로서의 부처님에 귀의하는 것이며, 부처님의 가르침인 진리(法)에 귀의하는 것이며, 부처님의 가르침으로 도와 과를 성취한 살아있는 본보기의 수행자의 단체(僧伽)에게 귀의한다는 것이다.

2. 사성제(四聖諦)

चत्वारि आर्यसत्यानि

Cattāri ariyasaccāni

차트바리 아르야사트야니

사성제(四聖諦)

네가지의 성스러운 진리

불교의 가르침은 모두 사성제에 귀결되고 집약된다.
네가지의 성스러운 진리는
첫째는 괴로움의 성스러운 진리인 두카(Dukka)로 고(苦)이며,
둘째는 괴로움이 일어나는 성스러운 진리인 사무다야(Samudaya)로
집(集)이며,
셋째는 괴로움이 소멸되는 성스러운 진리인 니로다(Nirodha)로 멸
(滅)이며,
넷째는 괴로움의 소멸에 이르는 길(道)의 성스러운 진리인 마르가
(Marga)를 말한다.

사성제란 괴로움의 현실을 정확하게 알고 그원인인 집착을 제거하고
괴로움의 소멸을 도달하며 그러한 도달하는 방법인 여덟가지 방법을
말하는 것이다.

(1) 고성제(苦聖諦)

둑크 아리यसच्च सत्य
$\overline{3}: \widehat{A1} \ \overline{A1} \ \overline{A2} \ \overline{A3} \overline{A3}$ (두카 아리야 사트야)
Dukkha ariyasacca satya
두카 아리야사짜 사트야

두카 사트야 (Dukkha satya)
고성제(苦聖諦)-괴로움의 성스러운 진리

두카는 고통이란 뜻이며 근본적인 고통이며, 태어나서, 늙고, 병들고,
죽고, 슬프고, 탄식하고, 육체적인 고통, 불행하고, 절망하고, 싫어하는
사람과의 만남, 사랑하는 사람과 헤어짐, 원하는 것을 얻지 못하는
것들이다. 삶의 근본 고통인 생노병사를 말한다

(2) 집성제(集聖諦)

धुक समुदय अरियसच्च सत्य
(사무다야 아리야 사트야)

Dukkha samudaya ariyasacca satya
두카 사무다야 아리야사짜 사트야

사무다야 사트야 (Samudaya satya)
집성제(集聖諦)—괴로움이 일어나는 성스러운 진리

사무다야는 산스크리트어로 쌓여간다는 뜻이다. 그것이 습관이 되고 윤회의 원인이 된다.

사무다야에는 쌓여가는 원인인 애착과 갈애(渴愛)인 탄하(taṇhā)가 있는데 그것은 감각적인 욕망에 대한 애착, 항상 바라보는 존재에 대한 애착, 순간적으로 바라보는 비존재에 대한 애착들이다.

(3) 멸성제(滅聖諦)

धुक निरुद अरियसच्च सत्य

 निरोद अरिय सात्य(니로다 아리야 사트야)

Dukkha nirodha ariyasacca satya

두카 니로다 아리야사짜 사트야

니로다 사트야(Nirodha Satya)

멸성제(滅聖諦)

니로다는 이러한 애착과 갈애가 사라지고, 없어지게 한다는 뜻이며 모든 업의 근본인 생각, 말, 행위의 카르마로부터 자유로워진다는 것이다.

(4) 도성제(道聖諦)

धुक निरुद गमिनि पटिपदा अरियसच्च
मार्ग सत्य
(마르가 아리야 사트야)

Dukkha nirodha gamiṇi paṭipada ariyasacca
marga satya

두카 니로다 가미니 파티파다 아리야사짜 마르가 사트야

마르가 사트야 (Marga Satya)
도성제(道聖諦)

마르가는 삶의 본질적인 진리를 깨우치는 길이며 방법을 말한다.

3. 8정도(八正道)

आर्याष्टाङ्गमार्ग

Āryāṣṭāṅgamārga

아르야아쉬탕가마르가

8정도(八正道)

도성제(道聖諦)는 열반에 이르게 하고 삶을 지혜를 깨우치게 하는 중도(中道)의 8가지의 방법이 있다.

이러한 8정도에는
- 실라(Sīla)인 **계(戒)**,
- 사마디(Samādhi)인 **정(定)**,
- 프라그야(Prjñā)인 **혜(慧)**로 요약된다.

शिाल

Sīla

실라

계율(律)−행위의 훈련이며 팔리어로는 실라(Sīla)

(1) 정어(正語)

सम्यग्वक्

Samyag vāc

삼약바크

올바른 말(正語)이며 팔리어로는 삼마 바짜(Sammā vācā)

(2) 정업(正業)

सम्यक्कर्मांत

Samyak karmānta

삼약카르마타

올바른 행위(正業)이며 팔리어로는 삼마 삼만타(Sammā sammāntā)

(3) 정명(正命)

सम्यगाजाव

Samyag ājīva

삼야가지바

올바른 생활(正命)이며 팔리어로는 삼마 아지바(Sammā ajiva)

समाधि

Samādhi

사마디

정(定) 또는 삼매(三昧)로 번역되며 팔리어로는 사마디(Sam**ā**dhi)

(4) 정정진(正精進)
सम्यग्व्यायाम

Samyag vyāyāma

삼야그브야야마

올바른 정진(正精進)이며 팔리어로는 삼마 바야마(Samm**āvā**yama)

(5) 정념(正念)
सम्यक्स्मृति

Samyak smṛti

삼야크스므르티

올바른 알아차림(正念)이며 팔리어로는 삼마 사티(Samm**ā** sati)

(6) 정정(正定)
सम्यक्समाधि

Samyak samādhi

삼야크사마디

올바른 삼매(正定)이며 팔리어로는 삼마 사마디(Samm**ā** samādhi)

· प्रज्ञा

Prjñā

프라그야

지혜(慧)를 열어주는 방법이며 팔리어로는 판나(Paññā)

(7) 정견(正見)

सम्यग्दृष्टि

Samyak dṛuṣṭi

삼약드르스티

올바른 시야(正見)이며,

팔리어로는 삼마 디띠(Sammā diṭṭhi)

(8) 정사유(正思惟)

सम्यग्संकल्प

Samyak samkalpa

삼약삼칼파

올바른 사유(正思惟)이며,

팔리어로는 삼마 산카파(Sammā sasñkappa)

4. 12 인연(因緣)

प्रतीत्यसमुत्पाद

Pratityasamudpat

프라티트야사무트파드

12 인연(因緣)

팔리어로는 파티짜사무빠다(Paticcasamuppāda)

(1) 무명(無名)

अवीधया

Avidya

아비드야

무지, 무명(無名) 팔리어는 아비짜(Avijjā)

(2) 행위(行)

संस्कार

Samskāra

삼스카라

업력성력, 행위(行) 팔리어는 상카라(Sañkhāra)

(3) 식(識)

विज्ञान

Vigyāna

비그야나

재생연결식, 식(識) 팔리어는 빈나나(Viññāṇa)

(4) 명색(名色)

नामरूप

Nāmarupa

나마루파

물질, 명색(名色) 팔리어는 나마루빠(Nāmarūpa)

(5) 육입(六入)

शडायतन

Sadāyatana

사다야타나

여섯 감각의 장소, 육입(六入) 팔리어는 사타야따나(Satāytana)

(6) 촉(觸)

स्पर्श

Sparsa

스파르사

감각의 접촉, 촉(觸) 팔리어는 팟사(Phassa)

(7) 수(受)

वेदना

Vedanā

베다나

느낌, 수(受) 팔리어는 웨다나(Vedanā)

(8) 애(愛)

तृश्णा

Trsnā

트르스나

갈애, 애(愛) 팔리어는 딴하(Taṇhā)

(9) 취(取)

उपादान

Upādāna

우파다나

집착, 취(取) 팔리어는 우빠다나(Updānā)

(10) 업(業)

भव

Bhava

바바

업의 생성, 업(業) 팔리어는 바와(Bhavā)

(11) 생(生)

जाति

Jāti

자티

태어남, 생(生) 팔리어는 자띠(Jāti)

(12) 노사(老死)

जरामरण

Jarāmarana

자라마라나

늙고 죽음, 노사(老死) 팔리어는 자라마라나(Jarāmraṇa)

붓다의 가장 아름다운 가르침은 사성제(四聖諦)와 12인연법(因緣法)이다.
특히 산스크리트어로 프라티트야사무트파드(Pratityasamudpat)이며, 팔리어로는 파티짜사무빠다(Paticcasamuppāda)라고 불리는 12인연법은 붓다의 단순하면서도 위대한 가르침 중의 하나이다.

파티짜사무빠다는 연기(緣起)를 말한다. 파티짜는 조건지워지는 연(緣)을 말하는 것이며 사무빠다는 '삼'이 '같이'라는 뜻이며, '우'는 '위로'라는 뜻이며, '파드'는 '간다'는 어근을 가지고 있다. 이뜻 전체는 '조건 지워져 일어난다.'는 의미가 되는 것이다.

붓다 가르침의 연기법은 "이 원인이 일어나면 저 결과가 일어나고 이 원인이 멈추면 저 결과도 멈추어진다."는 가르침의 핵심이다. 이 연기송은 괴로움의 발생구조를 나타내는 순관인 유전문(流轉門)인 '아누로마'가 있으며 괴로움의 소멸구조를 나타내는 역관인 환멸문(還滅門)인 '빠띠로마'가 있다. 고성제와 집성제는 순관인 유전문이며 멸성제와 도성제는 12연기의 역관인 환멸문이다.

12 인연법에는
무명(無名)·행위(行)는 과거의 생을 나타내고,
식(識)·명색(名色)·육입(六入)·촉(觸)·수(受)·애(愛)·취(取)·업(業)은 현재의 생을 말하며,
생(生)·노사(老死)는 미래의 생을 의미한다.

5. 길상승리게(吉祥勝利偈)

जयमंगल गाथा

Jayamamgala Gāthā

자야망갈라 가타

길상승리게(吉祥勝利偈)

행운과 승리의 노래

(1) मर (Mara, 악마-마라)

बाहुं सहस्समभिनिंमित सायुधन्तं
Bāhum sahassamabhinimmita-sāyudhantam
바-훙 사핫사마비님미따 사-유단땅
악마가 수천가지의 무기들을 가지고,

गिरिमेखलं उदितगेर ससेनमारं
Girimekhalam uditaghora-sasenamāram
기리메카랑 우디따고라 사세나마-랑
기리메칼라라고 불리는 엄청난 코끼리 위에 타고,

दानादि ढंमविढिना जितवा मुनिंदे
Dānādi-dhammavidhinā jitavā munindo
다-나-디 담마위디나-지따와- 무닌도
군대를 동원했을 때,
성자들의 제왕은 자비의 가르침으로 응대하셨네.

तं तेजसा भवतु ते जयमङगलानि
Tam tejasābhavatu te jayamangalāni
땅 떼자사-바와뚜 떼 자야망갈라-니
이 위대한 힘으로 승리의 행운이 저에게 임하길 바라옵니다.

(2) अलवक (Alavaka, 알라와까)

मारातिरेकमभयुज्झित सब्बरत्तिं

Mārātirekamabhiyujjhita-sabbarattim

마—라—띠레까마비웃지따 삽바랏띵

악마보다 더 흉폭해서 참을 수 없는 강한

गेरंपनालवमक्खमठद्धयक्खं

Ghorampanālavakamakhamathaddha-yakkham

고람빠나—알라와까막까마탓다 약캉

야차 알라바까 밤과 낮으로 싸움을 걸어 왔을 때,

खन्ति सुदन्त ढिना जितवा मुनिदे

Khantī-sudanta-vidhinā jitavā munindo

칸띠— 수단따 위디나—지따와—무닌도

성자들의 제왕은 인내와 자제로 응대하셨네.

तंते तेजसा भवतु ते जयमङ्गलानि

Tam tejasābhavatu te jayamangalāni

땅 떼자사—바와뚜 떼 자야망갈라—니

이 위대한 힘으로 승리의 행운이 저에게 임하길 바라옵니다.

(3) नलगिरी (Nalagiri, 날라기리)

नालागिरिं गजवरं अतिमत्तभातं

Nālāgirim gajavaram atimattabhūtam

나-알라-기링 가자와랑 아띠맛따부-땅

코끼리 날라기리가 미쳐서

दावग्गि चक्कम सनिव सुदा उमन्तं

Dāvaggi cakkama sanīva sudārumantam

다-왁기 짝까마 사니-와 수다-루난땅

산에 불 난 것 처럼 번개처럼 달려들 때,

मेत्तंबुसेकविधिना जितवा मुनिन्दे

Mettambusekavidhinā jitavā munindo

멧땀부세까위디나- 지따와- 무닌도

성자들의 제왕은 자비의 축복으로써 응대하셨네.

तंते तेजसा भवतु ते जयमङ्गलानि

Tam tejasābhavatu te jayamangalāni

땅 떼자사- 바와뚜 떼 자야망갈라니

이 위대한 힘으로 승리의 행운이 저에게 임하길 바라옵니다.

(4) अनुलिमल (Angulimala, 앙굴리말라)

उक्खित्त खाग्गमतिहत्य सुदारुमन्तं

Ukkhitta khaggamatihattha sudārumantam

욱킷따 칵가미띠핫타 수다루난땅

살인자 앙굴리말라가 손에 칼을 들고,

धावन्ति येजनपथ गुलिमाल वन्तं

Dhāvanti yojanapatha gulimāla vantam

다─왕띠 요자나빠탕 굴리마─라 완땅

흉폭하게 덤벼서 달려들 때,

इद्धिभिसन्खत मने जितवा मुनिन्दे

Iddhībhisankhata mano jitavāmunindo

이디─비상카따 마노 지따와─ 무닌도

성자들의 제왕은 마음에 잘짜여진 신통력으로 응대하셨네.

तंते तेजसा भवतु ते जयमङ्गलानि

Tam tejasābhavatu te jayamangalāni

땅 떼자사 바와뚜 떼 자야망갈라니

이 위대한 힘으로 승리의 행운이 저에게 임하길 바라옵니다.

(5) चिच मनविक (Cinca Manavika, 찐짜 마나위까)

कतवान कत्यं उदरं इव गब्भिनिया

Katvāna kattham udaram iva gabbhiniyā

깟와-나 깟타무다라랑 이와 갑비니야-

여인 찐짜가 자신의 배에 통나무를 넣고서

चिन्चाय दुथ वचनं जनकाय मज्झे

Ciṣcāya duthavacanam janakāya majjhe

찐짜-야 둣타 와짜낭 자나까-야 맛제

임신했다고 사람들 앞에서 모욕을 했을 때,

सन्तेन सेमविझिना जितवा मुनिन्दे

Santena somavidhinā jitavā munindo

산떼나 소마위디나 지따와- 무닌도

성자들의 제왕은 고요와 부드러움으로 응대하셨네.

तंते तेजसा भवतु ते जयमङ्गलानि

Tam tejasābhavatu te jayamangalāni

땅 떼자사- 바와뚜 떼 자야망갈라-니

이 위대한 힘으로 승리의 행운이 저에게 임하길 바라옵니다.

(6) सच्चक (Saccaka, 삿짜까)

सच्चं विहाय मतिसच्चक वादकेतुं

Saccam vihāya matisaccaka vādaketum

삿짱 위하−야 마띠삿짜까 와다께뚱

삿짜까가 진리를 버리고 진리에서 벗어난

वदाभिरोपित मन्नं अति अनधभुातं

Vādābhiropita manam ati andhabhūtam

와−다−비로뻬따 마낭 아띠 안다부−땅

논쟁에 맹목적으로 뛰어들었을 때,

पञ्ञापदिप जलिते जितवा मुनिन्दे

Paṣṣāpadīpa jalito jitavā munindo

빤냐빠디−빠 잘리또 지따와 무닌도

성자들의 제왕은 지혜의 불을 밝혀서 응대하셨네.

तंते तेजसा भवतु ते जयमङ्गलानि

Tam tejasābhavatu te jayamangalāni

땅 떼자사− 바와뚜 떼 자야망갈라−니

이 위대한 힘으로 승리의 행운이 저에게 임하길 바라옵니다.

(7) नन्देपनन्द (Nandopananda, 난도빠난다)

नन्देपनन्द भजगं विबुधं महिद्धिं

Nandopananda bhujagam vibudham mahiddhim

난도빠난다 부자강 위부당 마힛딩

간교하고 영험한 난도빠난다 용을

पुत्येन थेरभुजगेन दमापयन्ते

Puttena therabhujagena damāpayanto

뿟떼나 테라부자게나 다마—빠얀또

뱀으로 변화시켜 제자인 장로를 길들이듯이,

इद्धू पदेस विधिना जितवा मुनिन्दे

Iddhūpadesa vidhinā jitavā munindo

이두 빠데사 위디나 지따와—무닌도

성자들의 제왕은 신통력을 보이시어 응대하셨네.

तंते तेजसा भवतु ते जयमङ्गलानि

Tam tejasābhavatu te jayamangalāni

땅 떼자사—바와뚜 떼 자야망갈라—니

이 위대한 힘으로 승리의 행운이 저에게 임하길 바라옵니다.

(8) ब्रह्म बक (Brahma Baka, 브라흐마 바까)

दुग्गाहदिट्ठि भुजगेन सुदत्थ हत्थं
Duggāhaditthi bhujagena sudattha hattham
둑가-하딧티 부자게나 수닷타 핫탕
청정하게 빛나고 위력 있는 범천 바까가

ब्रह्मं विसुद्धि जुतिमिद्धि बकाभिधानं
Brahmam visuddhi jutimiddhi bakābhidhānam
브라흐망 위숫디 주띠밋디 바까비다낭
삿된 생각의 뱀에 손을 물렸을 때,

ञानागदेन विधिन जितवा मुनिन्दे
Sānāgadena vidhinājitavāmunindo
냐냐가데나 위디나- 지따와-무닌도
성자들의 제왕은 지혜의 약으로 응대하셨네.

तंते तेजसा भवतु ते जयमङ्गलानि
Tam tejasābhavatu te jayamangalāni
땅 떼자사-바와뚜 떼 자야망갈라-니
이 위대한 힘으로 승리의 행운이 저에게 임하길 바라옵니다.

(9) बुद्ध (Buddha, 붓따)

एतापि बुद्धजयमङ्गअतथगाथा एतापि बुद्धजयमङ्ग

Etāpi Buddhajayamangala atthagāthāEtāpi
Buddhajayamangala

에따삐 붓따자야망갈라 앗타가타 에타피 붓따자야망갈라

이 부처님의 승리의 행운을 나타내는

ये वाचके दिनदिने सरतेमतन्दि

Yo vācako dinadine saratematandi

요 와짜꼬 디나디네 사라떼 마딴디

여덟 게송을 매일매일 게으름 없이 독송한다면,

हित्वान नेकविविधानि चुपद्ववानि

Hitvāna nekavividhāni cupaddavāni

히뜨와ㅡ나 네까 위위다니 쭈빳다와니

하나 아닌 수많은 불행을 극복하고

मेक्खं सुखं अधिगमेय्य नरे सपननो

Mokkham sukham adhigameyya naro sapasso

목캉 수캉 아디가메야 나로 사빤뇨

지혜로운 이는 해탈과 지복을 얻을 것 입니다.

자야망갈라가타(Jayamangala Gatha)는 부처님의 승리와 행운을
다룬 노래이다.
부처님이 깨달음을 얻는 성도과정에 있어서 악마 마라(Mara)를
굴복시킨 이야기와 부처님을 해치려는 데바닷타와 앙굴리말라를
지혜와 자비로 수용한 이야기와 부처님을 모함에 빠뜨리려 했던 가짜
임신녀인 찐짜 이야기 등 모두 8개의 에피소드로 구성 되어 있다.

마지막의 아홉번째 게송에는 "이 부처님의 승리의 행운을 나타내는
여덟 게송을 매일매일 게으름 없이 독송한다면 하나 아닌 수많은
불행을 극복하고 지혜로운 이는 해탈과 지복 얻을 것 입니다." 라는
내용으로 끝을 맺고 있어서, 대승경전에서 반복해서 외우고 독송하는
공덕(功德)과 비슷하다.

6. 인간 사자의 노래(人中獅子偈)

नरसिंह गाचा

Narsiha Gāthā

나라시하 가타

인간 사자의 노래(人中獅子偈)

(1)

चक्क वरन्कित रत्तसुपादे

Cakka vara ṅkita rattasupādo,

짝까 와랑끼따 랏따 수빠아도

붉고 성스러운 두 발은 탁월한 법륜으로 장식되고,

ल्रखन मन्दित आयतपन्हि

Lakkhana mandiita-ṁyatapaṙhi,

락카나 만디따 아아야따빵히

긴 팔꿈치는 성스러운 징표들로 치장되셨고,

चमर छत्त विभासित पादे

Cāmara chatta vibhūsita pādo,

짜아마라찻따 위부우시따 빠아도

발등은 불자(拂子)와 양산으로 분장되셨으니,

एस हि तुय्हपिता नरसिाहे

Esa hi tuyha pitānarasīho.

에사 히 뚜여하 삐따아 나라 시이호

이분이 참으로 당신의 아버지 인간의 사자이시옵니다.

(2)

सक्यकुमारावरे सुखुमाले

Sakyakumāravaro sukhumālo,

삭꺄 꾸마아라 와로오 수쿠마알로
우아하고 고귀한 석가족의 왕자님,

लक्खन वित्थेकपुनना सरि

lakkhana vittha puñña sarīo,

락카나　띠까 뿐나 사리이로
몸은 성스러운 징표로 가득 차시고,

लेकहिताय गते नरवारे

lokahitāya gato naravīro,

로오까 히따아여 가또오 나라 위이로
세상의 이익을 위하는 사람 중에 영웅이시니,

एस हि तुय्ह पिता नरसिहे

Esa hi tuyha pitā narashīo.

에사 히 뚜여하 삐따아 나라 시이호
이분이 참으로 당신의 아버지 인간의 사자이시옵니다.

(3)

पुन्न सासङ्कनि भेम्मुख वन्ने

Punna sasaṅkani bhommukha vanno,

뿐나 사상까 니보오 무카 완노

얼굴 빛은 보름달처럼 빛나고

देव नरान पिये नरनागे

Deva narāna' piyo naranāgo,

데와 나라아나 삐요오 나라 나아고

하늘사람과 인간에게 사랑받으며,

मत्तगजिन्द विलासितगामि

Mattagajinda vilāsitagāmī,

맛따가진다 위라아시따 가아미이

우아한 걸음걸이는 코끼리의 제왕과 같으시니 인간 가운데
코끼리,

एस हि तुय्ह पिता नरसाहे

Esa hi tuyha pitānarasīho.

에사 히 뚜여하 삐따아 나라 시이호

이분이 참으로 당신의 아버지 인간의 사자이시옵니다.

(4)

खत्तियसभव अग्गकुलानो

Khattiyasambhava aggakulāno,

캇띠야 삼바와 악가 꿀리이노

왕족으로 태어난 귀족으로서

देव मनुस्स नमस्सित पादे

Deva manussa namassita pādo,

데와 마눗사 나맛시따 빠아도

하늘사람과 인간의 존귀함을 받는 분,

सिल समाधि पतित्थित चित्ते

Sila samādhi patitthita citto,

시일라 사마아디 빠띳따 찌또

마음은 계율과 삼매로 잘 이루어진 분,

एस हि तुय्हपिता नरसाहे

Esa hi tuyha pitānarasīho.

에사 히 뚜여하 삐따아 나라 시이호

이분이 참으로 당신의 아버지 인간의 사자이시옵니다.

(5)

आयत तणग सुसन्ठित नासे

Āyata tuṅga susanthita nāso,

아아여따 뚱가 수산티따 나아소

아주 우뚝하면서도 우아하게 드러난 코의 형태와

गेपखुमे अभिनीलसुनेत्ते

Gopakhumo abhinīlasunetto,

고오빠 쿠보오 아비니일라 수넷또

소의 속눈썹처럼 진하면서 아름답고 깊은 눈과

इन्ददधनुा अभिनील भमुके

Indadhanūabhinīla bhamuko,

인다 다누우 아비니일라 바무우꼬

검고 진하면서도 인드라의 활처럼 생긴 눈썹을 가진

एस हि तुय्ह पिता नरसिाहे

Esa hi tuyha pitānarasīho.

에사 히 뚜여하 삐따아 나라 시이호

이분이 참으로 당신의 아버지 인간의 사자이시옵니다.

(6)

वत्त सुमत्त सुसन्ठित गिावे

Vaṭṭa sumaṭṭa susaṇṭṭhita gīvo,

왓따 수맛따 수산티따 기이오

잘 생긴 목은 둥글고 부드러우며,

सिहहनु मिगराज सरिरे

Sihahanū migarāja sarīro,

시이하 하누우 미가 라아자 사리이로

턱은 사자와 같고, 몸은 짐승의 왕과 같고,

कनाच्चन सुच्चवि उत्तम वन्ने

Kañccana succhavi uttama vanno,

깡짜나 숫짜위 웃따마 완노

훌륭한 피부는 승묘한 황금색이니,

एस हि तुय्ह पिता नरसाहे

Esa hi tuyha pitānarasīho.

에사 히 뚜여하 삐따아 나라 시이호 이분이 참으로 당신의

아버지 인간의 사자이시옵니다.

(7)

सिनि सुगंभिर मन्जुसु गेसे सुरत्त

Siniddha sugambhīra mañjusu ghoso,

시닛다 수감비라 만주사 고오소

훌륭한 목소리는 부드럽고 깊고,

हिञ्गुल बन्धु सरुसुजिव्हे

Hiñgula bandhu suratta sujivho,

힝굴라 반두 수랏따 수지워호

혀는 주홍처럼 선홍색이고,

विसति विसति सेत सुदन्ते

Vīsati vīsati seta sudanto,

위이사띠 위이사띠 세따 수단또

치아는 스무개씩 가지런히 하야시니,

एस हि तुय्ह पिता नरसाहे

Esa hi tuyha pitānarasīho.

에사 히 뚜여하 삐따아 나라 시이호

이분이 참으로 당신의 아버지 인간의 사자이시옵니다.

(8)

आञ्जन वण्ण सुनिल सुकेसे

Añjana vaṇṇa sunila sukeso,

인자나 완나 수니일라 수께소

아름다운 머리카락은 칠흙같이 심청색이고,

कनचन पत्त विसुद्धललते

Kañcana patta visuddha lalato,

깡짜나 빳따 위숫다나 라아또

이마는 황금색 평판처럼 청정하고

ओसधि पन्दर सुद्ध सुउन्ने

Osadhi pandara suddha suunno,

오사디빤다라 수다수 운노

육계는 새벽의   처럼 밝게 빛나니,

एस हि तुय्ह पिता नरसाहे

Esa hi tuyha pitānarasīho.

에사 히 뚜여하 삐따아 나라 시이호

이분이 참으로 당신의 아버지 인간의 사자이시옵니다.

(9)

गच्चति निलपथे विय चन्दे

Gacchati nīlapathe viya cando,

갓차띠 니일라 빠테 위야 짠도

많은 별들의 무리에 둘러싸여 달이

तारगना परिवेथित रुपे

Tāragati parivethita rūpo,

따아라 가나아 빠리웨티따 루우뽀

창공을 가로지르는 것처럼

सावक मज्झगते समनिन्दे

Sāvaka majjhagato Samanindo,

사아워까 맛자가또 사마닌도

수행자들의 제왕은 성스러운 제자들에게 둘러싸여 있으니,

एस हि तुय्ह पिता नरसाहे

Esa hi tuyha pitānarasīho.

에사 히 뚜여하 삐따아 나라 시이호 띠

이분이 참으로 당신의 아버지 인간의 사자이시옵니다.

사자는 동물중에 최고의 제왕이다. 사자의 움직임이나 힘 그리고 그 울음소리는 모든 동물들이 그 소리를 듣고 조복한다.
석가모니 부처님을 사자에 많이 비유하는 이유는 그가 인간의 의식중에 가장 높은 경지에 도달 했으며, 진리를 설하는 모습이 사자가 표호하는 것과 비슷하다고 하여 '사자후'라고 한다.

석가모니 부처님을 사자에 비유해서 부른 노래가 '인중사자게(人中獅子偈)' 또는 '사자게(獅子偈)'로 알려져있는데 대승불교에서는 이 노래가 많이 알려져 있지 않다.

근본불교 또는 남부상좌부 불교에서는 이미 오래전부터 알려져 암송되어 왔지만, 우리에게는 남부상좌부의 근본불교에 대한 관심이 고조되어 본격적으로 연구되기 시작한 90년대 이후에 비로소 알려졌다.

이 노래는 석가모니 부처님의 부인이셨던 야쇼다라(Yaśodharā)비가 아들 라훌라(Rāhula)에게 석가모니 부처님에 대하여 알려주는 시구절이다. 태어나자 마자 출가한 아버지에 대해서 야쇼다라비가 석가모니 부처님에 대해서 상세하게 설명해주는 시구절이다.
이 시는 남부상좌부 불교에서 재가자의 일상생활에서 널리 애송 되고 있는 시구절이라고 한다. 이 시를 이용하여 음악으로도 널리 알려져 애송되고 있다.

7. 구공덕게(九功德偈)

नव गुन गाथा

Nava Guna Gāthā

나바 구나 가타

구공덕게(九功德偈)

(1) 응공
अरहन्
(Arahan, 아라한)

अरहं अरहेति नामेन
Araham arahoti nāmena,
아라항 아라호띠 나-메나
공양을 받을만한 분이기에,

अरहं पापं न कारये
Araham pāpam na kāraye,
아라항 빠-빵 나 까-라예
비밀이 없기에, 어떤 악의도 없기에,

अरहत्तप्फलं पत्ते
Arahattapphalam patto,
아라핫땁팔랑 빳또
그분을 아라한이라 합니다.

अरहं नमते नमे
Araham namato namo
아라항 나마또 나모
응공, 오직 그 분께 귀의합니다.

(2) 정등각자

संम संबुद्ध
(Samma-Sambuddha, 삼마삼붓다)

संमासंसबुद्ध ज्ञानेन
Sammāsambuddha-ṣānena,

삼마-삼붓다 냐-네나

지혜로서 모든 법을 바르게 깨달으신 분,

संमासंसबुद्ध देसन
Sammāsambuddha desanā,

삼마- 삼붓다 데사나-

바른 가르침을 주신 분,

संमासंसबुद्ध लेकस्मिं
Sammāsambuddha lokasmim

삼마-삼붓다 로까스밍

이 세상에서 위 없는 완전한 깨달음을 이룩하신 분,

संमासंसबुद्ध ते नमे
Sammāsambuddha te namo

삼마-삼붓다 떼 나모

정등각자, 오직 그 분께 귀의합니다.

(3) 명행족

विज्ज चरन संपन्न

(Vijja carana sampanna, 윗자짜라나삼빤나)

विज्ज चरन संपन्न

Vijjā carana sampanno,

윗자 짜라나삼빤노

지혜와 지식을 완전하게 갖추신 분,

तस्स विज्जा पकासिता

Tassa vijjā pakāsitā,

땃사 윗자– 빠까–시따–

일체지혜를 원만하게 성취하신 분,

अतीतानागतुप्पन्ने

Atītānāgatuppanno,

아띠–따나–가 빤노

삼세에 걸쳐 영지와 실천을 구족하신 분,

विज्जाचरन ते नमे

Vijjᐩcarana te namo.

윗자–짜라나 떼 나모

명행족, 오직 그 분께 귀의합니다.

(4) 선서
सुगत
(Sugata, 수가따)

सुगते सुगतत्तानं
Sugato sugatattānam,
수가또 수가땃따—낭
혼탁된 곳으로 다시 돌아 오지 않는 분,

सुगते सुन्दरंपि च
Sugato sundarampi ca,
수가또 순다람삐 짜
행함이 아름다워 피안으로 잘 가신 분,

निब्बानं सुगतिं यन्ति
Nibbānam sugatim yanti,
닙바—낭 수가띵 얀띠
닙바나라는 멋진 곳으로 가신 분,

सुगते नामते नमे
Sugato nāmato namo
수가또 나—마또 나모
선서, 오직 그 분께 귀의합니다.

(5) 세간해
लेकविदु
(Lokavidu, 로까위두)

लेकविदूति नामेन
Lokavidūti nāmena,
로까위두-띠 나-메나
모든 방면에서 세상을 잘 아시는 분,

अतीतानागते विदू
Atītānāgate vidū,
아띠-따-나-가떼 위두-
과거와 미래의 모든 일을 아시는 분,

सन्खारा सत्तमेकासे
Aankhārā-sattamokāse,
상카-라- 삿따모까-세
세상의 끝에 도달 하신 분,

लेकविदू नाम ते नमे
Lokavidū nāma te namo
로까위두- 나-마 떼 나모
세간해, 오직 그 분께귀의합니다.

58

(6) 무상사

अनुत्तर
(Anuttara, 아눗따라)

अनुत्तरे ञनसिालेन
Anuttaro ṣānasīlena,
아눗따로 냐–나시–레나
지혜와 공덕에 있어서 경쟁자가 없는 분,

ये लेकस्स अनुत्तरे
Yo lokassa anuttaro,
요 로깟사 아눗따로
이 보다 더 높은 자가 없는 분,

अनुत्तरे पुाजलेकस्मं
Anuttaro pūjalokasmim,
아눗따로 뿌–자로까스밍
더 이상 대적할 자가 없는 가장 존경 받는 분,

तं नमस्सामि अनुत्तरे
Tam namassāmi anuttaro.
땅 나맛사–미 아눗따로
무상사(無上師), 오직 그 분께 귀의합니다.

(7) 조어장부

पुरिसदंमसरथि

(Purisadammasarathi, 뿌리사담마사라티),

सारथि सारथि देव

Sārathī sārathī devā,

사라티− 사라티− 데와−

길들여야 할 사람을 잘 길들이는 분,

ये लेकस्स सुसारथि

Yo lokassa susārathī,

요 로깟사 수사−라티−

가르쳐야 할 사람을 잘 가르치는 분,

सारथिपुलेकस्मिं

Sārathīpūjalokasmim,

사−라티−뿌−자로까스밍

이 세상에서 가장 훌륭한 조련사,

तं नमस्सामि सारथि

Tam namassāmi sārath□.

땅 나맛사−미 사−라티−

조어장부, 오직 그 분께 귀의합니다.

(8) 천인사

सत्थ देवमनुस्सनं
(Sattha devamanussanam, 삿타데와마눗사남)

देव यक्ख मनुस्सानं
Deva-yakkha-manussānam,
데와 약카 마눗사-낭
신들과 인간을 열반으로 인도 하는 최고의 스승,

लोके अग्गफलंददं
Loke aggaphalam dadam
로께 악가팔랑 다당
길들여진 존재나 길들여지지 않은 존재에게도,

अदन्तं दमयन्तानं
Adantam damayantānam,
아단땅 다마얀따-낭
최고의 과를 주는 분,

पुरिसाजञ्ञ ते नमो
Purisājassa te namo.
뿌리사-잔냐 떼 나모
천인사, 오직 그 분께 귀의합니다.

(9) 세존

भगव

(Bhagava, 바가와)

भगवा भगवा युत्ते

Bhagavā bhagavaā yutto,

바가와– 바가와– 윳또

행운으로 충만하신 분,

भग्गं किलेसि वाहते

Bhaggam kilesa-vāhato,

박강 낄레사 와–하또

세상에서 가장 존귀하고 모든 감각적욕망을 넘어선 분,

भग्गं संसार मुत्तारे

Bhaggam samsāra muttaro,

박강 상사–라 뭇따–로

삼사라의 대양을 건너신 분, 축복받은 분,

भगवा नाम ते नमे

Bhagavā nāma te namo.

바가와– 나–마 떼 나모

세존, 오직 그 분께 귀의합니다.

상좌불교 또는 남방불교에서 사용하는
부처님의 별칭의 9가지

① 아라한(Arahan), 응공

② 삼마삼붓다(Samma Sambuddha), 정등각자

③ 윗자짜라나삼판나(Vijjacaranasampanna), 명행족

④ 수가따(Sugata), 선서

⑤ 로까위두(Lokavidu), 세간해

⑥ 아눗따라(Anuttara), 무상사

⑦ 뿌리사담마사라티(Purisadammasarathi), 조어장부

⑧ 삿타데와마눗사남(Sattha devamanussanam), 천인사

⑨ 바가와(Bhagava), 세존

청정도론(淸淨道論)에 나오는 부처님의 별칭인
여래십호(如來十號)는 다음과 같다.

① 아라한, 응공(應供),

　　팔리어로 아라한(Arahan)이라 한다.

② 바르게 깨달으신 분, 정등각자(正等覺者),

　　팔리어로 삼마삼붓다(Samma-Sambuddha)라 한다.

③ 영지와 실천을 구족하신분, 명행족(明行足),

　　팔리어로 윗자짜라나삼판나(Vijja-carana-sampanna)라 한다.

④ 피안으로 잘 가신 분, 선서(善逝),

　　팔리어로 수가따(Sugata)라 한다.

⑤ 세상을 잘 아시는 분, 세간해(世間解),

　　팔리어로 로까위두(Lokavidu)라 한다.

⑥ 가장 높으신 분, 무상사(無上士),

　　팔리어로 아눗따라(Anuttara)라 한다.

⑦ 사람을 잘 길들이는 분, 조어장부(調御丈夫),

　　팔리어로 뿌리사담마사라티(Purisadammasarathi)라 한다.

⑧ 신과 인간의 스승, 천인사(天人師),

　　팔리어로 삿타데와마눗사남(Sattha devamanussanam)라 한다.

⑨ 부처님, 불(佛),

　　팔리어로 붓다(Buddha)라 한다.

⑩ 세존(世尊),

　　팔리어로 바가와(Bhagava)라 한다

부처님의 다른 이름인 여래(如來)라는 말은 산스크리트어로
타타가타(Tathagata), 팔리어로는 따타가따에서 번역한
말이다. 부처님께서 스스로 호칭한 이 말들은 초기경전에서
이렇게 설명하고 있다.

그것은 이러한 여덟가지 이유 때문에 "부처님 또는 세존께서는
여래이시다"라고 하는 것이다. (디가 니까야, DA.i 59~60)

① 여여하게(Tatha) 오셨다(agata)고 해서 여래이시다.

② 여여하게(Tatha) 가셨다(gata)고 해서 여래이시다.

③ 사실대로의 특징으로(Tathalakkhanam) 오셨다고 해서
   여래이시다.

④ 사실대로 진리 또는 법을 확실하게(Yathavato)
   정등각(Abhisambuddha)하셨기 때문에 여래이시다.

⑤ 사실대로 보시기(Tathadassita) 때문에 여래이시다.

⑥ 사실대로 말씀하시기(Tathavadita) 때문에 여래이시다.

⑦ 여여하게 행하시기(Tathakarita) 때문에 여래이시다.

⑧ 지배(Abhibhavana)의 뜻에서 여래이시다.

제2장
대승불교의
진언 및 게송

제2장 대승불교의 진언 및 게송

महायान

Mahāyāna

마하야나

대승불교(大乘佛敎)

1. 석가모니불(釋迦牟尼佛)

शाक्यमुनि बुद्ध

Sākyamuni Buddha

사캬무니 붓다

ओं मुनि मुनि महामुनि शाक्यमुनि स्वाहा

OM Muni Muni Mahamuni śākyamuni svāhā

옴 무니 무니 마하무니 사캬무니 스바하

옴! 성인이시여, 성인이시여,
위대한 성인이신 석가족의 성인이시여 영광있으라!

인도의 북부의 카필라바스투(Kapilavastu) 왕국의 왕자로 화현하여
단순한 진리의 깨달음을 얻고 평생을 삶의 진리를 가르쳤다.
석가모니 부처님이 깨달은 가르침은 아직도 계속해서 진리를
갈망하는 구도자들에게 계속해서 전달되는 진행형이다.

2. 호신진언(護身眞言)

ॐ चिरि

OM Cirim

옴 치림

옴 충만함이여

옴: 절대적인 진언
치림: 가득한, 충만한

모든 삶이 충만하고 풍요로워지게 하는 진언이다.

3. 정법계진언(淨法界眞言)

ॐ नं 또는 ॐ रं

OM Nam   OM Ram

옴 남   옴 람

모든 우주의 삼라만상을 가르키는 시방세계에 오염됨이 없이
깨끗하고 청정하게 한다는 뜻이다.
  '옴'은 우주의 근원적인 소리이며, '남'은 나무의 줄임 말로
귀의한다는 말이며, '람'은 산스크리트어로 라마(Rama)를
말하기도 하며 승리를 말한다. 또는 법계(法界)를 깨끗이 한다고도
한다.

नमो समन्थ बुद्धनं नं

Namo Samantha Buddhanam Nam

나모 사만타 붓다남 남

동, 서, 남, 북, 북서, 남서, 남동, 북동, 상, 하 전체를 말하는
시방세계(十方世界)에 두루 계시는 부처님들게 귀의합니다.

나모: 귀의하다
사만타: 모든곳에 있는
붓다남: 부처님들께
남: 귀의하다

『정법계진언』의 한자어 한글표기

나무 사만다 못다남 남

모든 곳에 편재하는 부처님에게 귀의한다는 이 진언은 절대적인
귀의를 의미한다.

4. 정구업진언(淨口業眞言)

श्रिश्रिमहाश्रिसुश्रिस्वाह

Śri Śri Mahaśri SuŚri Svāha

스리 스리 마하스리 수스리 스바하
성스럽고 성스러우며 가장 성스러운 것이 좋으며,
그렇게 되리라.
(길상이시여,   길상이시여,   대길상이시여,   묘길상이시여,
스바하)

스리: 성스러운, 빛나는, 좋은
스리: 성스러운
마하스리: 가장 성스러운
수스리: 참으로 좋은
스바하: 귀의합니다.

『정구업진언』의 한자어 한글표기

수리 수리 마하수리 수수리 사바하

정구업진언은 불교 신자들만이 아니라 일반인들에게도 알려진
이 진언은 '스리' 또는 '수리' 는 성스럽고 성스럽우며 가장
성스럽게 되리라는 뜻이기도 하다.

5. 정삼업진언(淨三業眞言)

ॐ स्वभाव सुद्धाः

OM SvabhāSuddah

옴 스바바 수따흐

सर्व धर्माः

Sarva Dharmah

사르바 다르마흐

स्वभाव सुद्धोऽहम्

Svabhāva Suddoaham

스바바 수또아함

옴: 우주의 근원

스바바: 스스로

수따흐: 청정한

사르바: 전체

다르마흐: 법, 우주의 법칙

스바바: 스스로

수또: 청정하게

아함: 내가

『정삼업진언』의 한자어 한글표기

옴 사바바바 수다살바 달마 사바바바 수도함

옴 스스로 청정하게 하소서
모든 법들이여
내가 스스로 청정하게 하소서

정삼업진언은 무드라(Mudra), 만트라(Mantra), 만다라(Mandala) 셋인 신구의(身口意)를 깨끗의 하는 진언이다.

옴! 본성이 청정한 일체법이여, 내 자성도 청정하여지이다.
말하자면 이 세상 모든 법은 본성이 원래 청정하고 훌륭한 것이므로 자신 또한 이 법과 더불어 함께 청정하게 되어지며, 그렇게 될 때 삼업도 깨끗하게 되는 것이다.

6. 참회진언(懺悔眞言)

ॐ सर्व बुद्धबोधिसत्त्वय स्वाः

OM Sarva Buddha Bodhisattvaya Svaha

옴 사르바 붓다 보디사뜨바야 스바하

『참회진언』의 한자어 한글표기

옴 살바 못자 모지 사다야 사바하
모든 부처님과 보살님이 영광과 축복이 같이 하시기를

깨달음을 얻은 부처님과 중생과 함께 같이 살면서
중생을 이끌어가시는 많은 보살님에게 영광있으라!

7. 건단진언(建壇眞言)

ॐ नन्द नन्द नदि नदि नन्द भरि स्वहः

OM Nanda Nanda Nadi Nadi Nanda Bhari Svaha

옴 난다 난다 나디 나디 난다 바리 스바하

옴: 절대의 진언
난다: 환희
나디: 단을 세우는 사람
바리: 가지고 오소서
스바하: 영광있으라! 성취있으라!

옴! 환희, 환희,
단을 세우는 이,
단을 세우는 이,
환희가 있으라,
영광 있으라!

『건단진언』의 한자어 한글표기

옴 난다난다 나지나지 난다바리 사바하

건단진언은 제단을 세우는 진언으로,
불단(佛壇)을 세워서 부처님과 보살들을 청해서
의식을 집행하는데 기쁨과 환희로 분위기를 조성하는 것이다.

8. 개단진언(開壇眞言)

ॐ वज्र द्वारोद्गदाय समय प्रवेशाय हूँ

OM Vajra Dvarodgadādāya Samaya
Pravesāya Hum

옴 바즈라 드바로드가다야 사마야 프라베사야 훔

옴: 절대의 소리
바즈라: 금강
드바로드: 문을 열다
가다야: 가다
사마야: 무명의
프라베: 지혜
사야: 들어가다
훔: 진언

금강(金剛)의 문을 열고서
함께 들어갑시다.
무명의 빗장의 문을 부수고
지혜의 문으로 함께 들어갑시다.

『개단진언』의 한자어 한글표기

옴 바아라 놔로 다가다야 삼마야 바라베 사야훔

옴: 절대의 진언
바아라: 금강
놔로: 문을 열다
다다가야: 가다
삼마야: 무명의
바라베: 지혜
사야: 들어가다
훔: 진언

개단진언은 제단을 여는 진언이다.
예를 들어 우리가 법당에 들어가기 위해 법당문을 열었을 때
"옴! 금강의 문이여, 열어지이다. 삼매에 두루 들어가리라."
이 말이 의미하는 것은 법당의 분위기 속에 하나가 되어야 하는
것을 의미한다.

9. 원성취진언(願成就眞言)

ॐ अमोघ सर्व त्रसत्त्वाय सिद्धि हूँ

OM Amogha Sarva Trasttvāya Siddhi Hum

옴 아모가 사르바 트라사뜨바야 시띠 훔

옴: 절대적인 진언
아모가: 불공성취불
사르바: 모든
트라사뜨바야: 삼계를 밝히는
시띠: 성취하다
훔: 진언

『원성취진언』의 한자어 한글표기

옴 아목카 살바다라 사다야 시베훔

옴 시방세계에 항상 계신 부처님에게 귀의하고 불공성취불에게
귀의합니다.

이 진언은 소원성위를 위해서 하는 진언이다.

10. 광명진언(光明眞言)

वैरोचन मन्त्र

Vairocana Mantra

바이로차나 만트라

광명진언(光明眞言)

ॐ अमोघ वैरोचन

ॐ अघ य यंग वन

OM Amoga Vairocana

옴 아모가 바이로차나

महा मुद्रा मणि पद्म

यक यक या ल्ल पद

Maha Mudra Mani Padma

마하 무드라 마니 파드마

ज्वल प्रवर्त्तय हं

हर यवरय हं

Jvala Pravarttaya Hum

즈바라 프라바르따야 훔

『광명진언』의 산스크리트 해석

옴: 절대의 만트라
아모가: 불공견삭
바이로차나: 비로자나불
마하무드라: 위대한 수인(大手印)
마니: 여의주(如意珠)
파드마: 연꽃
즈바라: 광명(光明)
프라바릍타야: 진화(進化)하다, 원하다
프라바: 분출하다, 표출하다
르타야: 말하다
훔: 만트라

옴 불공견삭(不空羂索) 비로자나(毘盧遮那佛)이시여
대수인(大手印)으로서 여의주(마니보주－지혜) 연꽃(자비)
광명 등의 공덕으로 나아가게 하여지이다,
훔.

『광명진언』의 한자어 한글표기

옴 아모가 바이로차나
마하무드라 마니 파드마
즈바라 프라바릍타야 훔

『광명진언』의 산스크리트 단어 해석

옴(OM): 절대의 만트라이며 모든 진언의 근본음이며 귀명(歸命)의 뜻이며 시방삼세에 항상 계시는 부처님께 귀의하여 부처님의 광명과 하나되는 마음으로 독송한다.

아모가(Amoga): 불공을 성취한여래, 아모가싯디이며 중생 마음의 북방에 항상계시는 불공성취불(不空成就佛)의 명호이며 불공성취불은 성소작지(成所作智)의 덕에 머무르며 일체중생을 위하여 사바세계에 보습으로 화현하여 교화하시는 역사상의 부처님인 석가모니불을 나타내는 것이다.

바이로차나(Vairocana): 비로자나 부처님이시며 중생의 마음 중앙에 항상 계시는 비로자나불(毘盧遮那佛)의 명호이다.
비로자나불은 법계체성지(法界體性智)의 덕에 머무르며 천지만물 속에 내재하는 불신(佛身)으로 사람을 포함한 삼라만상의 근원이시다.

마하 무드라(Maha Mudra): 위대한 드러남(印契), 아촉불이시며 중생의 마음의 동방에 항상계신다. 중생 마음의 동방에 계시는 아촉불의 명호이며 대원경지(大圓鏡智)의 덕에 머무르며 중생의 번뇌를 없애고 중생의 보리심을 개발하여 해탈하게 하는 부처님이시다.

마니(Mani): 보석, 여의주, 보생불(寶生佛)이시며 중생의 남방에 항상 계시며 평등성지(平等性智)의 덕에 머무르며 복덕취공덕(摩尼寶福德聚功德) 능히 일체중생의 소원을 원만하게 성취해주는 부처님이시다.

파드마(Padma): 연꽃, 서방에 항상계시는 아미타불의 명호이며 묘관찰지(妙觀察智)의 덕에 머무르며 중생을 위하여 설법하여 의심을 끊게하고 대자비로 일체중생들을 극락정토로 이끄시는 부처님이시다.

즈바라(Jvala): 금강, 부처님의 광명

프라바르따야(Pravarttaya): 성취하다, 얻다, 바라다

훔(Hum): 모든 진언을 마무리하는 근본음이며 '훔'자를 외울때는 다섯부처님의 지혜의 광명이 자신 안에서 완성된 모습을 마음 속으로 그리면서 모든 부처님들게 지극한 감사와 귀의를 다짐한다.

이 진언은 당나라 때에,
인도의 불공(不空)스님이 번역한 불공견삭비로자나불대관정광진언경
(不空羂索毘盧遮那佛大灌頂光眞言經) 1권에 나오며 비로자나불이
설했다고 한다. 경전의 이름을 간단히 하여서는 대관정광진언경(大灌
頂光眞言) 또는 광명진언경(光明眞言經)이라고도 한다.

이 경전은 불공견색신변진언경(不空羂索神變眞言經)의 일부분을
번역해서 다른 경으로 만든 것이며, 총 680자 가량의 소본(小本)이다.
불공견색신변진언경의 제28권 중의 관정진언성취품(灌頂眞言成就品)
에서도 역시 광명진언을 소개하고 있다.

이 다라니를 듣게 되면 중생들의 모든 죄가 소멸하고 지옥에 떨어지지
않는다. 또한 이 다라니를 무덤 위에서 108번 외우면 그 주검의
주인공은 죄를 씻게 되어 극락 왕생하게 되며, 환자 앞에서 1,080번
외우면 과거 업에 의한 질병이 모두 사라지게 된다고 한다. 또한 창포
(菖蒲)를 지니고 그 다라니를 1,080번 외운 다음 타인과 논쟁을 하게
되면 언제나 이길 수 있다는 것도 설하고 있다.

여기서 소개되고 있는 광명 진언은 일본을 비롯한 진언종에서 많이
염송되고 있는 진언이며 이를 기초로 한 광명진언화찬(光明眞言和
讚) 등도 자주 사용되고 있다. 이 광명 진언은 일본 진언종에서 많이
염송되며 이를 기초로 한 광명진언화찬(光明眞言和讚) 등도 자주
사용되고 있다.

불공견삭관음보살은 6관음 중의 하나이다.
불공견삭관음보살(不空羂索觀音菩薩)은 생사 대해에 묘법연화의
미끼를 내리고 심념불공(心念不空)의 낚시줄로 중생인 고기를 낚아
열반의 언덕에 이르게 한다는 관음이다.

이 보살은 일면사비(一面四臂), 삼면사비(三面四臂), 삼면육비(三面六臂), 십면팔비(十面八臂), 십일면이십비(十一面二十臂)등의 다양한 모습을 하고선 밧줄로 짠 올가미, 즉 '견삭'을 들고 있다. 이 보살의 산스크리트명은 '아모가 파샤' 이다.

'아모가'란 불공(不空)을 말하는데, '헛되지 않음', 또는 '확실한' 이라는 뜻이다. 그래서 이 보살을 믿으면 이루어지지 않는 원(願)이 없다고 한다.

'파샤' 즉 '견삭'은 인도에서 전쟁이나 사냥할 때 쓰던 무기의 일종으로 고리가 달려있는 밧줄로 된 올가미를 말한다. 이 올가미를 던져 거기에 걸리면 누구도 빠져 나갈 수 없다.

불공견삭관음보살은 이러한 살생과 억압의 무기인 견삭을 거꾸로 자비를 베푸는 도구로 이용하여 그 자비의 올가미에서 어느 한사람도 새나가지 않을 정도로 모든 중생을 구원하겠노라고 서원한다.

불공견삭관음보살은 중생을 낚으려는 굳센 신념에다 사섭법(四攝法)의 방편을 적절히 구사하여 사람들을 구제한다.
① 바로 아낌없이 베푸는 보시(布施),
② 부드럽고 사랑스런 말인 애어(愛語),
③ 상대방에 도움을 주고 이익을 베푸는 이행(利行),
④ 기쁨과 슬픔 등 모든 것을 함께하는 동사(同事)
네 가지 방편으로 중생 속으로 들어가 한사람도 빠짐없이 구제하는 것이다.

11. 비로자나불진언(毘盧遮那眞言)

वैरोचन बुद्ध मन्त्र

Vairocana Buddha Mantra

바이로차나 붓다 만트라

비로자나불진언(毘盧遮那眞言)

ॐ वैरोचन हुं

OM Vairocana Hum

옴 바이로차나 훔

비로자나(毘盧遮那) 부처님은 산스크리트어로 바이로차나(Vairocana) 이며 마하비로차나(Mahavirocana) 즉 '대일여래(大日如來)'라고도 하는데 비로자나 부처님은 보통 사람의 육안으로는 볼 수 없는 광명 (光明)의 부처이다. 부처님은 언제나 중생의 마음 중앙에 항상 계시는 비로자나불의 명호이다. 비로자나불은 법계(法界)의 경지에 머무르며 모든 만물 속에 내재하는 불성(佛性)으로 사람을 포함한 삼라만상의 근원이다.

법신은 빛깔이나 형상이 없는 우주의 본체인 진여실상(眞如實相)을 의미하는 것이다. 이 부처를 신(身)이라고 하였을망정 평범한 색신(色 身)이나 생신(生身)이 아니며, 갖가지 몸이 이것을 근거로 나오게 되는 원천적인 몸을 뜻한다.

부처님의 몸을 설명하여 삼신(三身)이라고 하는데, 법신(法身)인 비로자나불(毘盧遮那佛), 보신(報身)이신 노사나불(盧舍那佛), 화신(化身)이신 석가모니불(釋迦牟尼佛)이다.

중생을 제도하러 온 이세상 즉 차안(此岸)의 석가모니불과 법계에 상주하는 깨달음의 세계인 피안(彼岸)의 청정법신이신 비로자나불과 차안과 피안의 교량이신 노사나불이 있다.

이 부처님을 형상화 할 때는 천엽연화(千葉蓮華)의 단상에 결가부좌를 하고 앉아, 왼손은 무릎 위에 놓고 오른손은 가볍게 들고 있다. 불상의 화대(華臺) 주위에 피어 있는 1,000개의 꽃잎 하나하나가 100억의 국토를 표현한 것으로, 이 부처님이 있는 세계의 무량함과 장엄함을 나타내는 것이다.

또 큰 연화로 이루어져 있는 이 세계 가운데에는 우주의 만물을 모두 간직하는 세계라하여 '연화장세계(蓮華藏世界)'라고 한다.
이 연화장세계의 중심은 삼천대천세계의 중심이며, 우주 전체를 총괄하는 부처가 되는 것이다. 이 비로자나불이 허공 처럼 한계 없이 넓어서 모든 곳에 가득 차 있음을 상징적으로 표현한 것이다.

경전상으로 볼 때 비로자나불은 화엄경(華嚴經)의 핵심이며 중심이다. 석가모니불을 응신(應身) 또는 이세상에 나타난 모습을 하고 있다면 비로자나불은 모든 시간, 장소, 사람에 따라 모습을 다르게 가변적으로 드러낸다.

12. 비로자나불 법신진언
(毘盧遮那佛 法身眞言)

अविर मन्त्र
Avira Mantra
아비라 만트라
비로자나불 법신진언(法身眞言)

ॐ अ वि र हं कं स्वह
OM A Vi Ra Hum Kam Svaha
옴 아 비 라 훔 캄 스바하

이 진언은 법신진언으로, 밀교의 가르침에 해당되는 진언이다.
진언의 첫글자인 옴자는 모든 산스크리트의 으뜸이 되는 진언이며,
모든 공덕의 위가 되는 자이므로 진언의 머리에 둔다.

『법신진언』의 산스크리트 단어 해석

옴: 태초의 음이며 모든 진언의 중심이다.

아·비·라·훔·캄: 이 다섯 글자는 비로자나 부처님의 몸을
뜻하는 글자이다. '
 '아' 자는 대원경지(大圓鏡智)를 나타내고
 '비' 자는 묘관찰지(妙觀察智)를 나타내고
 '라' 자는 평등성지(平等性智)를 나타내고
 '훔' 자는 성소작지(成所作智)를 나타내고
 '캄' 자는 법계체성지(法界體性智)를 나타낸다.

스바하: 사바하로도 번역되는데 '영원하다', '성취하다' 는
뜻이 있으며 회향(回向)의 의미를 가진 산스크리트어로 모든 진언의
마지막에 후렴처럼 두는 글자이다.

광명의 상징인 비로자나 법신을 뜻 번역으로는 대일여래(大日如
來)라고도 부릅니다.
비로자나 법신진언을 우주의 본체에 비유하면 이러하다.

5원소와 5대 방향과 5색

아: 지(地), 동(東), 황(黃)
비: 수(水), 서(西), 백(白)
라: 화(火), 남(南), 적(寂)
훔: 풍(風), 북(北), 흑(黑)
캄: 공(空), 중(中), 청(靑)

13. 문수보살진언(文殊菩薩眞言)

मञ्जुश्री बोधिसत्त्व मन्त्र

Manjusri Bodhisattva Mantra

만주스리 보디사트바 만트라

문수보살진언(文殊菩薩眞言)

ॐ अ र प च न ध्यः

OM A Ra Pa Ca Na Dhīh

옴 아 라 파 자 나 디흐

옴: 절대적인 소리

아: 모든 것은 생성되고 소멸되는 허망한 것

라: 모든 오염에서 벗어났다는 것

파: 모든 차별을 떠난 최상의 진리

자: 섬세한 세상의 변화

나: 모든 실상을 본다

디흐: 모든 언어와 말이 끝나는 것

문수보살에서 문수는 산스크리트어의 만주(Manju)이며 묘하다는 묘
(妙)를 말하고, 사리는 스리(Sri)로 덕(德)과 길상(吉祥)을 말한다.
지혜가 뛰어나 묘한 공덕을 지녔다는 뜻이다.

문수보살은 언제나 부처님의 왼쪽에 자리잡고 지혜를 상징한다.
바른 손에는 지혜의 검을 들고 원손에는 청련화(靑蓮花)를 가지고
있으며 용맹함을 나타내기 위해 사자를 타고 있다.

14. 문수보살오계진언
(文殊菩薩五械眞言)

मञ्जुश्री बोधिसत्त्व पञ्चशिल मन्त्र

Manjusri Bodhisattva Pancaśila Mantra

만주스리 보디사트바 판차실라 만트라

문수보살오계진언(文殊菩薩五械眞言)

नमः समन्त बद्धानां हेहे कु मा र क विमुक्ति

Namah Samanta Buddhanam Hehe Ku Mā Ra Ka
Vimukti

나마흐 사만타 부따남 헤헤 쿠 마 라 카 비무크티

प थ छि त स्मर स्मर प्रति ज्नानं स्वा हा

Pa Tha Sti Ta Smara Prati Jnānam Svā Hā

파 타 스티 타 스마라 스마라 프라티 즈남 스바 하

대방광보살장경중문수사리근본일자다라니경(大方廣菩薩藏經中文殊師利根本一字陀羅尼經)에서 문수보살에 대해 표현하였다. 산스크리트어로 만주이며 문수는 신묘(神妙)를 뜻하고, 스리는 사리로 번역되며 두(頭), 덕(德), 길상(吉祥)을 뜻한다.

요컨대 매우 지혜가 뛰어나서 묘한 공덕을 지녔다는 뜻이다. 문수사리는 언제나 부처님의 왼쪽에 자리를 잡고서 불법의 지혜를 나타낸다. 문수보살의 모습은 오른손에는 지혜의 칼을 들고 왼손에는 청련화를 쥐고 있으며, 위엄과 용맹을 나타내기 위해서 사자를 타고 있다.

당(唐)나라 때 라트나친타(Ratnacina) 또는 보사유(寶思惟)가 702년에 천궁사(天宮寺)에서 번역하였다. '문수사리근본일자다라니경', '문수근본일자다라니법' 또는 '문수일자다라니법'이라고도 한다. 문수사리 근본일자 다라니와 그 공덕을 설한 경전이다. 부처님께서 정거천(淨居天)의 보장엄(寶莊嚴) 도량에 계실 때, 보살들에게 문수사리 동자의 행륜주법(行輪呪法)을 설하신다.

이 다라니는 소원을 성취하게 하고 나쁜 종교들을 물리치게 하며, 이 다라니를 암송하면 자신과 주위의 모든 재앙으로부터 벗어날 수 있다고 한다.

문수사리 다라니의 염송의궤는 '대방광보살장문수사리근본의궤경(大方廣菩薩藏文殊師利根本儀軌經)'에 자세히 기술되어 있다. 이역본으로 '만수실리보살주장중일자주왕경(曼殊室利菩薩呪藏中一字呪王經)'이 있다

15. 법화경 다라니(法華經陀羅尼)

सद्धर्मपुदडरीकसुत्र धारणि

Saddharmapundaikasutra Dhārani

사드다르마푼다리카수트라 다라니

법화경 다라니(法華經陀羅尼)

(1) 약왕보살다라니(藥王菩薩陀羅尼)

भैषज्यराज बोधिसत्त्व धारणि

Bhaishajyarāja Bodhisattva Dhārani

약왕보살다라니(藥王菩薩陀羅尼)

अनये मन्ये मने ममने चिते चरिते समे

Anye Manya Mane Mamane Cite Carite Same

안예 만예 마네 마마네 치테 차리테 사메

समिता विशान्ते मुके मुतमे समे

SamitāViśānte Muke Muktatame Same

사미타 비산테 묵테 묵크타타메 사메

अविषमे समसमे जये क्षये अक्षये अक्षिणे

Avishame Samasame Jaye Kshaye Akshaye Akshine

아비사메 사마사메 자예 크사예 아크사예 아크시네

शान्ते समिते धारणि आलोकभाषे

Śānte Samite Dhārāni Ālokabhāshe

산테 사미테 다라니 아로카바세

प्रत्यबेक्षणि निधिरु अवयन्तरनिविष्टे

Pratyabekshani Nidhiru Abeyantaranibiste

프라트야베크사니 니디루 아브얀타라니비스테

अभयन्तरपारिशुद्धिमुत्कुले अरडे परडे

Abhyantarapāriśuddimutkule Arade Paride

아비얀타라파리수띠무트쿨레 아라데 파라데

सुकाङ्क्षि असमसमे बुद्धविलोकिते

Sukānkshi Asamasame Buddhavilokite

수캉크시 아사마사메 붓다비로키테

धर्मपरीक्षिते संघनिर्घोणि निर्घोणि भयाभयविशोधनि

Dharmapariksite Samghanirghosani Nirgoni Bhayābhayaviśodhani

다르마파리크시테 삼가니르고사니 니르고니 바야바야비소다니

मत्रे मन्त्राक्षीयमे रुते रुतकौशल्ये अक्षये

Mantre Mantrakshayame Rute Rutakauśalye Akshaye

만트레 만트라크사야테 루테 루타카우살예 아크사예

अक्षयवनताये वक्कृले वलोड्र अमन्यनताये स्वाहा

Akshaya vanatāye Vakule Valodra Amanyanathāye Svāha

아크사야바나타예 바쿨레 바로드라 아만야나타예 스바하

『약왕보살다라니』의 산스크리트 단어 해석

안예: 놀라는 것
만예: 사유하는
마네: 의념
마마네: 생각이 없는
치데: 마음, 의식
차리테: 수행
사메: 고요한, 평등한
사미타: 고요하고 안정된
비산테: 지혜로운 침묵
묵테: 해탈, 자유로운
묵타타메: 고요한 자유
아비사메: 개인적인 마음을 넘어선
사마사메: 평등하고 평등한
자예: 미망의 끝,
크사: 그러함에
약차예: 무궁한 선(善)
악시네: 해탈이여
산티: 평온한 마음,
사미테: 담담한 마음
다라니: 조문, 총지(總持),
아로카바세: 지켜보는, 관찰하는
프라트야베크샤니: 관조하는
니디루: 광명, 빛나는
아브얀타라니비스테: 스스로 홀로서는 마음
아브얀타라파리수띠무트꿀레: 스스로 홀로 서고 의지하는 마음으로

아라데: 동요하지 않는 마음

파라데: 흔들리지 않는 마음

수캉크시: 청정한 눈,

아사마사메: 차별이 바로 평등

붓다빌로키테: 깨달은의 절대경지

다르마파리크시테: 법의 완전한 관찰

삼가니르고사니: 교단의 화합

니르고니: 조화

바야바비소다니: 밝은 가르침

만트레: 만덕의 구족함

만트라크사야테: 만덕을 구족하는 마음

루테: 무궁한 작용

루타: 울려퍼지는 소리

카우살예: 대중의 소리에 밝은 관찰

아크사예: 가르침의 이해

아크사야: 무궁한 가르침

바나타예 바쿨레 바로드라: 빛나는

아만야나타예: 자재한 경지

스바하: 영광있으라

(2) 용시보살다라니(勇施菩薩陀羅尼)

प्रदानशूर बोधिसत्त्व धारणि

Pradānaśura Bodhisattva Dhārani

용시보살 다라니(勇施菩薩陀羅尼)

ज्वले महाज्वले उक्के तुक्के मुक्के अडे

Jvale Mahājvale Ukke Tukke Mukke Ade

즈발레 마하 즈발레 우께 투께 무께 아데

अडायति नृत्ये नृत्यावति डिद्दिनि विद्दिनि

Adāyāte Nrtye Nrtyāvati Iddini Viddini

아다바티 느르트예 느르트야바티 이띠니 비띠니

चिद्दिनि नृत्यनि नृत्यावति स्वाहा ॥

Ciddni Nrtyani Nrtyāvati Svāhā

치띠니 느르트야니 느르트야바티 스바하

『용시보살다라니』의 산스크리트 단어 해석

즈발레: 빛나는
마하즈발레: 거대하게 빛나는
투께: 빛나는 확장
무께: 지혜의 빛나는
아데: 순조로운 성취
아다바티: 부유함
느르트예: 혼연함
이띠니: 안주
비띠니: 질서
치띠니: 영합하지 않는
느르트야니: 무의미하게 모이지 않는
스바하: 영광있으라

(3) 비사문천다라니(毘沙門天陀羅尼)

वैश्रवण महाराज धारणि

Vaisravana Mahārāja Dhārani

바이스라바나 마하라자 다라니

비사문천다라니(毘沙門天陀羅尼)

अद्दे तद्दे नद्दे वनद्दे अनडे नाश्रड कुनदि स्याहा ॥

Adde Tadde Nadde Vanadade Anade Nādi Kunadi
Svahā

아떼 타떼 나떼 바나떼 아나데 나디 쿠나디

스바하

『비사문천다라니』의 산스크리트 단어 해석

아떼: 부유
타테: 춤추는 이
나떼: 놀이를 조정하는 이
바나떼: 춤추는 이
아나데: 한계없는
나디: 가난한 이
쿠나디: 어찌 부유한
스바하: 영원하라

(4) 지국천왕다라니(持國天王陀羅尼)

विरूद्क महाराज धारणि

Virupadaka Mārāja Dhārani

비루파난카 마하라자 다라니

지국천왕다라니(持國天王陀羅尼)

अगणे गणे गैरि गन्धलि चडालि

Agane Gane Gauri Gandhari Candari

아가네 가네 가우리 간다리 찬다리

मातङ्गि पुक्कसि संकुले ब्रूसलि सिसि

Matangi Pukkasi Samkule Brusali Sisi

마탕기 푸까시 삼꿀레 브루살리 시시

स्याहा ॥

Svāhā

스바하

『지국천왕다라니』의 산스크리트 단어 해석

아가네: 무수한

가네: 유수복 여신

가우리: 백광여신

간다리: 향을 가진 여신

찬다리: 요흑여신

마탕기: 마등기 여신

푸카시: 몸이 큰 독여신

삼쿠레: 독을 쫓아내는 몸이 큰 여신

브루살리: 순서에 따라 설하는

시시: 진리

스바하: 영원하라

(5) 십나찰녀다라니(十羅刹女陀羅尼)

दश राक्षस्यः धारणि

Dasa Rāchasya Dhārani

다사 라차스야 다라니

십나찰녀다라니(十羅刹女陀羅尼)

इति मे इति मे इति मे इति मे इति मे ।

Iti Me Iti Me Iti Me Iti Me Iti Me

이티 메 이티 메 이티 메 이티 메 이티 메

निमे निमे निमे निमे निमे ।

Nime Nime Nime Nime Nime

니메 니메 니메 니메 니메

रुहे रुहे रुहे रुहे रुहे ।

Ruhe Ruhe Ruhe Ruhe Ruhe

루헤 루헤 루헤 루헤 루헤

स्तुहे स्तुहे स्तुहे स्तुहे स्तुहे स्वाहा

Ruhe Stuhe Stuhe Stuhe Stuhe Stuhe Svāhā

스투헤 스투헤 스투헤 스투헤 스투헤 스바하

『십나찰녀다라니』의 산스크리트 단어 해석

이티메: 여기에 있어

니메: 무아

루헤: 이미 일어난

스투헤: 잘 간직하는

스바하: 영원하라

समन्तभद्र बोधिसत्त्व धारणि

Samantabhadra Bodhisattva Dhārani

사만타바드라 보디사뜨바 다라니

보현보살다라니(普賢菩薩陀羅尼)

अदडे दडपति दडावर्तनि दडकुशाले

Adande Dandapati Dandāvartani Dandakuśale

아단데 단다파티 단다바르타니 단다쿠살레

दडसुधारि दडसुधारपति बुद्धपश्यने

Dandasudhāri Dandasudhārapati Buddapaśyane

단다수다리 단다수다라파티 부따파스야네

सर्वधारणि आवर्तनि संवर्तति संधपरीक्षिते

Sarvadhārāni Āvartani Samvartani Samghaparikshte

사르바다라니 아바르타니 삼바르타니 삼가파릭시테

संधनिर्धातनि धर्मपरीसिते

Samghanirgatani dharmaparisite

삼가니르가타니 다르마파릭시테

सर्वसत्त्वरुतकौशल्यानुगते

Srvasattvarutakauśalyanugate

사르바사뜨바루타카우살야누가테

सिंहविक्रीडिते

Simhavikridite

심하비크리디테

अनुवर्त वर्तनि वर्तलि स्वाहा ॥

Anuvarte Vartant Vartali Svāhā

아누바르테 바르타니 바르타니 스바하

『보현보살다라니』의 산스크리트 단어 해석

아단데: 아견을 없애고

단다 파티: 소아를 없애고

단다 바르타니: 아 방편을 넘어서

단다 쿠살레: 평화로운

단다수다리: 마음의 유연함

수다리: 행위의 유연함

수다라 파티: 원활하게하는

부따파스야네: 부처님을 관하면

사르바다라니아바르타니삼바르타니: 모든총지를단계적으로행하면

삼바르타니: 모두 반복시켜

삼가파릭시테: 승가의 파괴를 극복하며

삼가니르가타니: 승가의 잘못을 방지하고

사르바 사뜨바 루타 카우살야누가테: 일체 중생의 소리를 깨달으면

싱하 비크리니티: 사자가 움직이는 것처럼 자유로우며

아누바르테 바르타니:진리를 확대하다,

스바하: 영원하라

16. 반야심경 진언(般若心經眞言)

प्रज्ञा पारमित हृदय सूत्र मन्त्र

Prajñā Pāramita Hridaya Sutra Mantra

프라그야 파라미타 흐리다야 수트라 만트라

반야심경 진언(般若心經眞言)

गते गते पारगते पारसंगते बोधि स्वाहा

Gate Gate Pāragate Pārasamgate Bodhi Svāhā

가테 가테 파라가테 파라삼가테 보디 스바하

『반야심경진언』의 산스크리트 단어 해석

가테: 넘어, 간다

파라: 완전히, 초월적인

파라삼: 완전하게, 초월적인

보디: 깨달음, 지혜

스바하: 영원하다, ~이 있다,

가자! 가자!

저 넘어! 완전히 저 너머로!

깨달음이여 영원하라!

114

揭帝揭帝 波羅揭帝 波羅僧揭帝 菩提娑婆訶
아제아제 바라아제 바라승아제 모지 사바하

이 진언은 가장 많이 독송되고 알려져 있으며,
가장 단순하면서도 심오하다.
도달되는 원인, 과정, 결과가 하나의 진언인 만트라 안에서 심오한
뜻을 가지고 있으며,
부처님의 단순한 가르침과 향기가 가르침의 삶 전체를 통과하고 있다.

이 진언은 대승불교의 꽃으로 불교 전체의 아름다움을 나타낼 뿐만
아니라 진리의 향기를 뿜어내는 것이다.

17.나무아미타불진언(南無阿彌陀佛眞言)

नामे अमिताभ बुद्ध मन्त्र

Nāmo Amitābha Buddha Mantra

나모 아마타바 붓다 만트라

나무아미타불진언(南無阿彌陀佛眞言)

नामे अमिताभ बुद्ध

Nāmo Amitābha Buddha

나모 아미타바 붓다

나무아미타불(南無阿彌陀佛)

116

아미타 부처는 대승불교에서 서방정토(西方淨土)인 극락세계에 머물면서 진리의 가르침을 설한다는 부처이다.

'아미타(Amita)'란 뜻은 산스크리트의 아미타유스(Amitayus) 즉 '무한한 수명을 지닌' 또는 아미타브하(Amitabha) '무한한 광명을 가진' 말에서 유래되었다.

한역으로는 아미타(阿彌陀)라고 음역하였으며 무량수(無量壽), 무량광(無量光)으로 번역하였다.

정토삼부경(淨土三部經)에서는, 아미타불은 과거에 법장(法藏)이라는 구도자였는데, 깨달음을 얻어 중생을 제도하겠다는 서원((誓願)을 세워 오랫동안 수행하여 그 서원을 성취하여 지금부터 10겁(劫) 전에 부처가 되어 지금은 극락세계에 머물고 있다는 것이다.

아마타불은 자신이 세운 서원으로 하여 수많은 중생들을 제도하는데, 그 원을 아미타불이 되기 이전인 법장보살 때에 처음 세운 원이라고 하여 본원(本願)이라고 한다.

이 모두가 48원(願)인데, 이 48서원의 하나하나는 한결같이 남을 위하는 자비심에 가득한 이타행(利他行)으로 되어 있어 대승보살도 (大乘菩薩道)를 이룩하고 있는 아미타 부처의 특징을 말해주고 있다.

13번째의 광명무량원(光明無量願)과 15번째의 수명무량원(壽命無量願)은 아미타불의 본질을 잘 드러내 주고 있다.

18번째의 염불왕생원(念佛往生願)은 '불국토(佛國土)에 태어나려는 자는 지극한 마음을 내어 내 이름을 염(念)하면 왕생(往生)하게 될 것'이라고 하여, 중생들에게 염불(念佛)을 통하여 정토왕생의 길을 제시해 주고 있다.

18. 미륵불진언(彌勒佛眞言)

मैत्रेय बुद्ध मन्त्र

Maitreya Buddha Mantra

마이트레야 붓다 만트라

미륵불진언(彌勒佛眞言)

ॐ मैत्री महामैत्री मैत्रीये स्साहा

OM Maitri Mahāmaitri Maitriye Svāhā

옴 마이트리 마하마이트리 마이트리예 스바하

마이트리(Maitri)는 미륵불(彌勒佛)로도 알려져 있지만,
산스크리트어로 마이트리는 친밀하고 가깝다는 뜻이 있다.

팔리어로는 메타(Metta)로 번역이 되며 리그 베다(Rig Veda)에 나오는
물의 신 미트라(Mitra)의 어원과 같으며,
같은 물의 신 바루나(Varuna)와도 같이 우주질서를 보호한다는 의미를
지니고 있다.

19. 약사여래진언(藥師如來眞言)

भैषज्यगुरुवैद्रर्यप्रभाराज मन्त्र

(바이 샤즈야 구루)

Bhaiṣjyagurubaiḍūryaprabhārāja Mantra

바이샤즈야구루두르야프라바라자 만트라

약사여래진언(藥師如來眞言)

आं भैषज्ये भैषज्ये महभैषज्यसमुद्गते स्वाहा

OM Bhaiṣjye Bhaiṣjye Mahabhaiṣjyasamudgate Svāhā

옴! 바이샤즈예 바이샤즈예 마하바이샤즈야사무드가테 스바하

『약사여래진언』의 산스크리트 단어 해석

옴: 우주의 근원적인 소리
바이사즈예: 약(藥)이여
마하: 큰, 위대한
바이사즈야: 약(藥)이여
삼무드가테: 성취되게
스바하: 그렇게 하여지이다

옴!
약이여, 약이여,
위대한 약으로서
그 효능이 약효가 성취되게 하소서!

नमे भगवते भैषज्यगुरु

Namo Bhagavate Bhaiṣajyaguru

나모 바가바테 바이사즈야구루

वैदूारयप्रभ राजाय तथगतय

Vaidūyaprabha rājāya Tathāgatāya

바이두야프라바 라자야 타타가타야

अर्गते सम्यक्सं बुद्धाय तद्यथा

Arhate Samyaksam Buddhāya Tadyathā

아르하테 삼약삼 부따야 타드야타

ॐ भैषज्ये भषज्ये

OM Bhaiṣajye Bhaiṣajye

옴 바이사즈예 바이사즈예

समुद्गते स्वाहा

Samudgate svāhā

사무드가테 스바하

『약사여래진언』의 산스크리트 단어 해석

나모: 귀의합니다
바가바테: 성스러우신, 세존
바이사즈야: 약(藥)
구루: 스승
바이두르야: 칠보, 보석
프라바: 빛나는, 빛깔
라자야: 왕에게
타타가타야: 여래(如來)께
아르하테: 예공 받으실 분에게
삼약부따야: 완전한 깨달은 분께

성스러우시고 예공을 받으실분이시며 완전히 깨달으신
약사유리광왕여래께 예경 드립니다.
옴, 약으로서 그 효능이 약효가 성취되게 하소서!

중생의 아픔을 덜어주는 약사여래는 우리나라 불교의 역사에서 오
래된 전통을 가지고 있다.
통일신라 초기부터 시작하여 고려시대에는 반복되는 국난을 극복
하는 약사여래의 기원법회가 자주 열렸다고도 한다. 우리나라에서
아미타 부처님과 함께 널리 신봉되는 부처님의 한 분이시다.

20. 여의륜진언(如意輪陀羅尼)

चिन्तामणिचक्र धारणि

Cintāmanicakra Dhārani

친타마니차크라 다라니
여의륜진언(如意輪陀羅尼)

नमो रत्नत्रयाय नम आर्यावलेकितेश्वराया

Namo Ratnayāya Namo Aryāvalokitesvarāyā
나모 라트나야야 나마 아르야발로키테스바라야

बोधीसत्त्वाय महासत्त्वाय महाकरुनीकाय

Bodhisattvāya Mahāsattvāya Mahākarunikāya
보디사뜨바야 마하사뜨바야 마하카루니카야

तद्ययधाः ॐ चक्रवर्ति चिन्तामनि महापद्यमि

Tadhyathah OM Cakravarti Cintāmani Mahāpadmi
타드야타흐 옴 차크라바르티 친타마니 마하파드미

रुरु तिष्ठत ज्वल आक्सारय हूं फत् स्वाहा

Ruru Tishta Jvala Āksāraya Hum Phat Svāhā
루루 티스타 즈발라 아크사라야 훔 파트 스바하

ॐ पद्म चिन्तामणि ज्वल हूं

OM Padma Cintāmani Jvala Hum
옴 파드마 친타마니 즈발라 훔

ॐ वरद पद्मे हूं

OM Varada Padme Hum
옴 바라다 파드메 훔

『여의륜진언』의 한글 해석

삼보(三寶)에 귀의합니다.
고귀하신 관세음보살님께 귀의합니다.
지혜로우신 존재이시며
위대하신 존재이시며, 대자대비하신 분이십니다.
이렇게 절대 근원이신 옴!
법륜(法輪)을 굴리시며,
소원성취의 여의주와 거대한 연꽃을 지니시며,
빠르게 안정되게 하시며 모든 장애를 없애고
그렇게 되게 하십니다.
옴! 연꽃이여,
모든 것을 이루게 하는 여의주여 찬란히 빛나라 훔!
옴! 모든 것이 이루어지는 연꽃이 되소서 훔!

21.관음영감다라니(觀音靈感陀羅尼)

आर्यावलोकितेश्वराया बोधिसत्तव विकुर्वन धारणि

AryāvalokitesavrāyāBodhisattva Vikurvana Dhārani

아르야발로키테스바라야 보디사뜨바 비쿠르바나 다라니

관음영감다라니(觀音靈感陀羅尼)

ओंमणि पद्मी हूं

OM Mani Padme Hum

옴 마니 파드메 훔

महा ज्ञान चितेपाद

Mahā jnāna Ctopāda

마하 즈나나 치토파다

चितसयन वितर्क

Cittaksana Vitarka

치타 크사나 비타르카

सर्वार्थ प्रसिद्धकाम पूर्ण

Sarvartha Prasiddha kama Purana

사르바타 프라시따 카마 푸르나

नप्रदिये पन्न

Napradiyo Panna

나프라디요 판나

नमः लोकेश्वराय स्वाहा

Namah Lokesvarāya Svāhā

나마흐 로케스바라야 스바하

『관음영감다라니』의 한글 해석

옴 연꽃의 보석이시여!
욕망과 환영을 넘어서게 해주고
그것을 확고하게 해주는 생각들
모든 진리는 위대하게 성취되고 가득차며 만족된다.
위대한 광명의 찬란한 발현과
이 세상에 화현하신 것을 경배합니다. 영광있으라.

22. 지장보살진언(地藏普薩眞言)

क्षितिगर्भ बोधिसत्त्व मन्त्र

Kshitigarbha Bodhisattva Mantra

크쉬티가르바 보디사뜨바 만트라

지장보살진언(地藏普薩眞言)

ॐ ह ह ह विस्मये स्वाहा

OM Ha Ha Ha Vismaye Svaha

옴 하 하 하 비스마예 스바하

지장보살은 산스크리트어로
크쉬티가르바 보디사뜨바(Kshtigarbha Bodhisattva)이며,
　‘크쉬티(Kshiti)’는 ‘땅’이란 뜻이며,
　‘가르바(Garbha)’는 ‘자궁’이나 ‘모태’를 말한다.
즉 땅의 모태를 말하는 것이다.

지장보살은 인도에서 서기 4세기경에 알려졌으며,
중국, 한국, 일본의 동북아 불교에 많은 영향을 끼친 보살이다.

지장보살은 억압 받고, 죽어가고,
병에 시달리고, 나쁜 꿈에 시달리는 이들의 구원자이며,
지옥에서 방황하는 죽은 이들의 영혼까지도 구제할 때까지
자신의 해탈을 미루겠다는 서원을 세운 보살이기도 하다.

지장보살은 전생에 브라흐만의 집안의 딸로 태어났는데,
부처님에게 헌신적으로 기도하여 사악한 어머니가 지옥에서 벗어 날수
있게 하였다.

23. 구족수화길상광명대기명주총지
(具足水火吉祥光明大記明呪總持) 촘부다라니

क्षं भु क्षां भु क्षं क्षं भु आकाश क्षं भु वक्र क्षं

Kṣaṁbhu kṣaṁbhu kṣaṁkṣaṁbhu ākāśa kṣaṁbhu vakra kṣaṁ

크삼 부 크사무부 크삼 크삼 부 아카사 크삼 부 바크라 크삼

भु अंबर क्षं भु वर क्षं भु वज्रक्षं भु आलेक क्षं

bhu ambara kṣaṁbhu vara kṣaṁbhu vajra kṣaṁbhu āleka kṣaṁ

부 암바라 크삼 부 바라 크삼 부 바즈라 크삼 부 아레카 크삼

भु दम क्षं भु सत्याम क्षं भु सत्य निर्हार क्षं भु

bhu dama kṣaṁbhu satyāma kṣaṁbhu satya nirhāha kṣaṁbhu

부 다마 크삼 부 사트야마 크삼 부 사트야 나르하하 크삼 부

व्यवलेक क्षप क्षं भु उपशाम क्षं भु नयन क्षमं भु

vyavaloka kṣapa kṣaṁbhu upaśama kṣaṁbhu nayana kṣaṁbhu

브야바로카 크사파 크삼 부 우파사마 크삼 부 나야나 크삼 부

प्रजा समुत्तृ रण क्षं भु क्षण क्षं भु विश्वारिय क्षं भु

prajāsamuttṛraṇa kṣaṁbhu kṣaṁbhu viśvāriya kṣaṁbhu

프라자 사무뜨르 라나 크삼 부 크삼 부 비스바리야 크삼 부

शास्त लव क्षं भु व्याड सु ज्या मा हिरे दमे शमे चक्र शे

śāsta lava kṣaṁbhu vyāḍa su jya māhire dame śame cakra śe

사스타 라바 크삼 부 브야다 수 즈야 마 히레 다메 사메 차크라 세

130

चक्र मा हिरे क्षीणे भिरे ज्वल भुरि गर्भ प्रवृत्ति शिरि प्रभे

cakra māhire kṣīṇe bhīre jvala bhūri garbha pravṛtte śiri prabhe

차크라 마 히레 크시네 비레 즈바라 부리 가르바 프라브르떼
시리 프라베

प्रचार वर्तने रत्नपाले चल चल शिरि मिले एकार्थ टक्कि

pracāra vartane ratna pāle cala cala śiri mile ekārtha ṭakki

프라차라 바르타네 라트나 파레 차라 차라 시리 미레 에카르타
타끼

ठक्कुर दरे दरे मीरि मज्ज्ये दं ज्ये आकुल मी रिणे अङ्गो

ṭhakkura dare dare mīrī majjye daṁ jye ākula mīriṇe aṅgo

타꾸라 다레 다레 미리 마쯔예 담 즈예 아쿠라 미 리네 앙고

चित्त आवि आल गिरे प्रघृ कुटट शामने तुञ्जे तुञ्जे तुद् कूले

citta āvi āla gire praghṛkuṭṭa śamane tuñje tuñje tud kūle

치따 아비 아라 기레 프라그흐르 쿠따 사마네 툰제 투드 쿠레

हुरु हुरु हुरु कुरु स्तु मिले मृधे मृजे भाडन हर हिरे

huru huru huru kuru stu mile mṛdhe mṛje bhāṇḍana hara hire

후루 후루 후루 쿠루 스투 미레 므르데 므르제 반다나 하라 히레

हुरु हुरु रु

huru huru ru

후루 후루 루

『츰부다라니』 범어(산스크리트어) 음가 발음

삼푸 삼푸 삼삼푸 아카샤 삼푸 파카라 삼푸 암바라 삼푸 바이쟈
삼푸 바이쥬라 삼푸 아라카 삼푸 담마 삼푸 샤티마 삼푸 샤티냐라
삼푸 비바로꺄스바 삼푸 우빠이마 삼푸 나야나 삼푸 바라나 삼티르나
삼푸 쨔나 삼푸 바이슈바리야 삼푸 사타라와 삼푸 바이타수타 마헤르
담 담 쨔크라샤 쨔크라마슈리 찌레 삐레 까리 바바라바리티 찌리
바라삐 바리쨔라 반다니 가리타니 바라 쨔쨔쨔쨔 이레 이레 이라타
타케 타우로 다레다레 이레 마탄 마탄 꾸레 이레레 앙구따비 가리
찌리 파라찌리 구타짠마리 뚜찌 뚜찌 뚜레 호로 호로 호로
쿠로신디레 이리테 이리탄 반다타 카라 이리 호로 호로로

구족수화길상광명다라니(具足水火吉祥光明陀羅尼) 『츰부다라니』 한국화된 음가 발음

츰부 츰부 츰츰부 아가셔츰부 바결랍츰부 암발랍츰부 비라츰부
발결랍츰부 아루가츰부 담뭐츰부 살더뭐츰부 살더닐하뭐츰부
비바루가찰뭐츰부 우붜셤뭐츰부 내여나츰부
뷜랄여삼므디랄나츰부 찰나츰부 비실바라여츰부 셔살더랄바츰부
비어자수재 맘히리 담미 셤미 잡결랍시 잡결랍 시리 치리 시리
결랍붜뷜러발랄디 히리 뷜랄비 뷜랄저러니달니 헐랄달니 붜러
져져져져 히리 미리 이결타 탑기 탑규로 탈리 탈리 미리 뭐대
더대 구리 미리 앙규즈더비 얼리 기리 붜러기리 규차셤 리
징기 둔기 둔규리 후루 후루 후루 규루술두미리 미리디 미리대
자더 허러 히리 후루 후루루

『츰부다라니』의 한글 해석

거룩하신 대자대비 대성대자 본존 지장왕보살 마하살님께
귀의합니다.

대지를 관장하고 주재하는 이여!
대지를 흔드는 지장보살이여!
허공과 같이 모든 것을 덮어주는 이여!
물과 같이 모두에게 관계되고 물처럼 기꺼이 스며드는 이여!
천둥과도 같은 성스러운 이여!
모든 마장을 넘어서는 진실한 이여!
진정한 해탈의 몸을 이루어일체를 꿰뚫어보는 대지의 강력한 이여!
심안(心眼)으로 중생을 이끄는 이여!
번뇌를 넘어서서 흔들리지 않는 이여!
영원하게 일체를 주재하는 이여!
번뇌를 잠재우고 윤회에 얽매이지 않고
약한 마음을 극복하고 중생을 장애로부터 벗어나게하고
어떠한 파괴로 부터도 보호해주는 이여!
번뇌를 낮게하고 장애를 없애주고
마음의 눈의 병을 고쳐주는 이여!
어서어서

24. 지장보살(地藏普薩) 츰부다라니(陀羅尼)

उदक अचिः सं पन्न श्रा तेजे महा व्याकरण धारणि

Udaka arcih sam panna śrītejo mahā vyākarana dhāraṇī

우다카 아르치 삼 파나 스리 테조 마하 브야카라나 다라니

지장보살(地藏普薩) 츰부다라니(陀羅尼)

नमे रत्नत्रयाय नम आर्य क्षितिगर्भ
बोधिसत्त्वाय महासत्त्वाय महाप्रठीधानाय

Namo ratna trayāya nama ārya kṣitigarbha
bodhisattvāya mahāsattvaya mahapraṇidhānāya

나모 라트나 트라이야야 나마 아르야 크쉬티가르바
보디사뜨바야 마하사뜨바야 마하프라니다나야

तद्यथा सम्भु सम्भु । स्मृति बल सम्भु ।
समन्वाहार सम्भु ।

Tadyathāsambhu sambhu smṛti bala sambhu samanvāhā

타드야타 삼부 삼부 스므르티 발라 삼부 사만바하

अर्यु र्वण बल सम्भु । आरेग्य सम्भु । यशः सम्भु ।

Āyur varṇa bala sambhu ārogya sambhu yaśah sambhu

아유르 바르나 발라 삼부 아로그야 삼부 야사흐 삼부

उप करण सम्भु । बन्धु सम्भु । शिक्षमाण सम्भु ।

Upa karaṇa sambhu bandhu sambhu śikṣamṇā sambhu

우파 카라나 삼부 반두 삼부 시크삼나 삼부

विशुद्धशीले सम्भु । शृत सम्भु । दान सम्भु ।

Visuddha śile sambhu śruta sambhu dāna sambhu

비수따 실레 삼부 스루타 삼부 다나 삼부

मति व्यवसर्ग सम्भु ।
समाधि बल सम्भु । क्षं सम्भु ।

Mati vyavasarga sambhu
samādhi bala sambhu kṣam sambhu

마티 브야바사르가 삼부
사마디 발라 삼부 크샴 삼부

उपाय सम्भु । बोध्यङ्ग आर्य सत्य प्रभा सम्भु ।
महायान सम्प्रस्थित सम्भु,

Upāya sambhu bodhyaṅga ārya satya prabhāsambhu
mahāyāna samprasthita sambhu

우파야 삼부 보드양가 아르야 사트야 프라바 삼부
마하야나 삼프라스티타 삼부

धर्म आलेक सम्भु । सत्त्व परिपाक सम्भु ।
महा मैत्री महा करुणा सम्भु ।

Dharma āloka sambhu sattva paripāka sambhu
mahāmaitrīmahākaruṇāsambhu

디르마 아로카 삼부 사뜨바 파리파카 삼부
마하 마이트리 마하 카루나 삼부

सर्व शुक्ल धर्मा सम्भु । त्रैलोक्य अनुशंशा सम्भु ।
त्रि भुवन धर्म वर्ष स्नेह सम्भु ।

Sarva śukla dharma sambhu trailokya anuśamsāsambhu
tri bhuvana dharma varṣa sneha sambhu

사르바 수크라 디르마 삼부 트라이로카 아누삼사 삼부
트리 부바나 디르마 바르사 스네하 삼부

महा भुामि सर्व भुात पृथिवीा रस सम्भु ।
सर्व सत्त्व अजः सुकृत आलेक सम्भु ।
बुद्धशासन अजः शुकृत सम्भु ।

Mahābhūmi sarva bhūta pṛthivīrasa sambhu
sarva sattva ojaḥ sukṛta karman sambhu
buddha śāsana ojaḥ sukṛta sambhu

마하 부미 사르바 부타 프르티비 라사 삼부
사르바 사뜨바 오자흐 수크르타 카르만 삼부
부따 사사나 오자흐 수크르타 삼부

प्रज्ञ आलोक सम्भु। षट् पारमिता सुचरिता सम्भू।
पञ्च चक्षु अनुगत सम्भु।

Prjña āloka sambhu saṭ pāramitā sucaritā sambhū
pañca cakṣur anugata sambhu

프라즈나 아로카 삼부 사트 파라미타 수차리타 삼부
판차 차크수르 아누가타 삼부

अभि षिक्त सम्भु। दैव जन्म् निर्वृत्ति सम्भु।
सर्व बीज मूल केशार अङ्कुर पत्र पुष्प फल
ओषधि शस्य अजेरस सम्भु।

Abhi ṣikta sambhu daiva janman nirvṛtti sambhu
sarva bīja mūla keśara aṅkura patra puṣpa phala
oṣadhi śasya ojorasa sambhu

아비 시크타 삼부 다이바 잔만 니르브르띠 삼부
사르바 비자 물라 케사라 안쿠라 파트라 푸스파 파라
오사디 사스야 오조라사 삼부

वर्षक सम्भु। अर्त काय पृथिवीा रस उदका
अर्चिस् मारुत सम्भु। प्रमोद्य सम्भु।

Varṣaka sambhu artha kārya pṛthivīrasa udaka arcis
māruta sambhu pramodya sambhu

바르사카 삼부 아르타 카르야 프르티비 라사 우다카 아르치스
마루타 삼부 프라모드야 삼부

रत्नाकर सम्भु । बल वीर्य सम्भु ।
सर्व उपभोग परिभोग सम्भु ।

Ratnākara sambhu bala vīrya sambhu
sarva upabhoga paribhoga sambhu

라트나카라 삼부 바라 비르야 삼부
사르바 우파보가 파리보가 삼부

सर्व ज्ञान प्र गढे । चित्त विप्रयास क्लेष कुट्ट शामने ।

Sarva jñāna pra gādhe citta viparyāsa kleśa kuṭṭa śamane

사르바 즈나나 프라 가데 치타 비파르야사 크레사 쿠따 사마네

यद् उत यशोदक अर्चः सं पन्न क्षा तेजे
महा व्याकरण मन्त्रपदा स्वाहा ।

Yad uta yaśodaka arciḥ saṁ panna śrī tejo
mahāvyākaraṇa mantra padāsvāhā

야드 우타 야소디카 아르치흐 삼 파나 스리 테조
마하브야카라나 만트라 파다 스바하

भाव रज विशोधने स्वाहा । कारी युग विशोधने स्वाहा ।
कलुष मन विशोधने स्वाहा ।

Bhāva raja viśodhane svāhā kali yuga viśodhane svāhā
kaluṣa mana viśodhane svāhā

바바 라자 비소다네 스바하 칼리 유가 비소다네 스바하
카루사 마나 비소다네 스바하

कलुष महा भूत विशोधने स्वाहा ।
कलुष रस विशोधने स्वाहा ।
कलुष एज विशोधने स्वाहा ।

Kaluṣa mahābhūta viśodhane svāhā

kaluṣa rasa viśodhane svāhā

kaluṣa oja viśodhane svāhā

카루사 마하 부타 비소다네 스바하

카루사 라사 비소다네 스바하

카루사 오자 비소다네 스바하

सर्व आशा परि पुरणि स्वाहा ।
सर्व सस्य सं पादने स्वाहा ।

Sarva āśāparo pūraṇi svāhā

sarva sam pādane svāhā

사르바 아사 파로 푸라니 스바하

사르바 삼 파다네 스바하

सर्व तथागत अधिष्ठिते स्वाहा ।
सर्व बधिसत्त्व अधिष्ठिते अनु मेदिते स्वाहा

Sarva tathāgata adhiṣṭhite svāhā

sarva bodhisattva adhiṣṭhita anu modite svāhā

사르바 타타가타 아디스띠테 스바하

사르바 보디사뜨바 아디스띠타 아누모디테 스바하

『츰부다라니(𑖌𑖘𑖤𑖲𑖘𑖌)』 실담어

1. 나모라 다나다 라야야　나막　알야치티　가르바야

2. 모지 사다바야　마하가로　니가야　다냐타　츰부츰부

3. 츠츰부　아카사츰부　바라가즘부　암부츰부　바이라즘부

4. 바아라즘부　아로가즘부　담마츰부　사타야마츰부

5. 사타야 보하라즘부　비야발로가　차나츰부　우파샴바츰부

6. 나야나츰부　바라지나　삼마의　라나츰부　차나츰부

7. 비시리아츰부　사사례다츰부　비야나수티　마히예다히

8. 담미셤미　자가라세　자가라 마시례 치례비례　히례가르

9. 삼발라 브라테　히례　바라베　바라자라 발리다니 라다 나바례

140

10. 자자자자　히례 비례　예가타　탁케 탁부루 다례다례

11. 미려마데　타데구례　구미례 미례 앙구짇다비　아리가

12. 바라가리 구타　삼바례　낭게낭게　낭굴레 후루후루후루

13. 구로소도　미례 미미례　데미례다례 바다다 헤라헤례후루

14. 후루루 바바라사 비슈다니 사바하 가리우가　비슈다니사바카

15. 가루 사마나 비슈다니 사바하　가루사　마하붓다 비슈다니

16. 사바하　살바샤 바리　부라니 사바하 삼바사야

17. 삼바다니　사바하　살바　다타아다디 치례 사바하

18. 살바　모지 사다아누모지례　사바하

25. 지장보살광대심다라니
(地藏普薩廣大心陀羅尼)

क्षितिगर्भ बोधिसत्त्व महा हृदय धारणि

Kshitigarbha Bodhisattva Mahā Hridaya dhāraṇī

크쉬티가르바 보디사뜨바 마하 흐리다야 다라니

지장보살광대심다라니(地藏普薩廣大心陀羅尼)

नमः क्षितिगर्भाय बधिसत्त्वाय महासत्त्वाय
महाप्रणिधिचक्र

Namaḥkshitigarbhāya bodhisattvāya mahāsattvāya
 mahāpraṇidhicakra

나마흐 크시티가르바야 보디사뜨바야 마하사뜨바야
마하프라니디차크라

मडल राजाय ॐ शुभ निर्हार शुभ

maṇḍala rājāya om śubha nirhāra śubha

만달라 라자야 옴 수바 니르하라 수바

चर्या महाप्रणिधान वशिताय स्वाहा

caryā mahāpraṇidhāna vaśitāya svāhā

차르야 마하프라니다나 바시타야 스바하

142

26. 불퇴전지심다라니(不退轉地心陀羅尼)

तद्यथा मुनीश्वर मुधा शरणे मुनि हृदय

Tadyathāmunīśvara mudhāśaraṇe muni hṛdaya

타드야타 무니스바라 무다 사라네 무니 흐르다야

मति रेच वि चरे मुद अर्जिन् अधि गमे

mati roca vi care muda arjin adhi game

마티 로차 비 차레 무다 아르진 아디 가메

शुक्रपक्ष परा शर पक्ष मिलत् पक्ष

Śukra pakṣa parāśara pakṣa milat pakṣa

수크라 팍사 파라 사라 팍사 미라트 팍사

सु रक्ष कृते दारुण कृच्द्रे पाट आ

su rakṣa kṛte dāruṇa kṛcchre pāṭa ā

수 라가 크르테 다루나 크르쯔흐레 파타 아

रक्ष कृते गुः गुण मिले अविवर्ति

rakṣa kṛte guh guṇa mile avivarti

락사 크르테 구흐 구나 미레 아비바르티

सारे अनु सरण मुनि पद्वि स्वाहा

sāre anu saraṇa muni padavīsvāhā

사레 아누 사라나 무니 파다비 스바하

27. 지장보살정업진언(地藏普薩定業眞言)

ॐ प्रमर्दनी स्वाहा

OM pra mardani svāhā

옴 프라 마르다니 스바하

옴 바라 마니다니 사바하

지장보살(地藏普薩)께서 받는 카르마 또는 업장(業障)이나
죄업을 소멸하게 한다는 진언

28. 지장보살대심진언(地藏普薩大心眞言)

क्षितिगर्भ बोधिसत्त्व महा हृदय धारणि

Kshitigarbha Bodhisattva Mahā Hridaya dhāraṇī

크쉬티가르바 보디사뜨바 마하 흐리다야 다라니

지장보살대심진언(地藏普薩大心眞言)

ॐ क्षितिगर्भाय बधिसत्त्वायः

OM Kshitigarbha Bodhisattvāyaḥ

옴 크쉬티가르바 보디사뜨바야흐

29. 대준제진언(大准提眞言)

महा चुन्दा धारणी चुन्दि दुर्ग मन्त्र

Maha Cunda Dhārani (Cundi Durga Mantra)

마하 춘다 다라니(춘디 두르가 만트라)

대준제진언:준제보살불모심주(准提菩薩母心呪)

नमः सप्तानां संयक्संबुद्ध कोटीनां

Namah Saptānām Samyaksambudda Kodinām

나마흐 사프타남 삼약삼부따 코티남

तद्यथा ॐ चले चुले चुन्दे स्वाहा

TadhyathāOM Cale Cule Cunde Svāhā

타드야타 옴 찰레 출레 춘데 스바하

칠구지의 완전한 존재들, 깨달은 부처님들께 귀의합니다.
이렇게 지고의 순수한 존재가 되기를 기원합니다.
옴 찰레 출레 춘데 스바하.

이 대준제진언은
  '칠구지 불모심대준제다라니(佛母心大准提陀羅尼)'이며
  '칠구지 불모준제다라니(佛母准提陀羅尼)'라고도 한다.
준제보살은 모든 존재의 어머니 역할을 담당하는 보살이시다.
밀교(密敎)에서는 이 관음보살을 '칠구지의 부처님의 어머니'라고
하는데, 칠구지는 7억이라는 말로써 모든 부처님의 어머니가 되는 이
보살의 공덕은 광대무변한 것이다.
세 개의 눈과 많은 팔을 나타내기도 한다.

30. 칠불멸죄진언(七佛滅罪眞言)

सप्त अतित बुद्धकरसन्ति धारणि
Sapta Atita Buddha Karasaniti Dhārani

사프타 아티타 붓따 카라사니티 다라니

칠불멸죄진언(七佛滅罪眞言)

देव देवते च्यु ह च्यु हते धर
Deva Devate Cyu Ha Cyu Hate Dhara

데바 데바테 츠유 하 츠유 하테 다라

धृते निर्हृते विमलते स्वाहा ।
Dhrte Nirhrite vimalate Svāhā

드리테 니르흐리테 비말라테 스바하 |

148

신성함이 소명하고,
드러나게하소서!
소멸하고,
저주가 사라지게하소서!
모든 부정적인 것은 진리에 묻혀지고,
사라지게 하고 영원하소서!

31. 무량수결정광명왕다라니
(無量壽決定光明王陀羅尼)

अपरिमितायुंज्नान सुविनिस्चित तेजे राजाय धारणि

Aparimitāyur Jnāna Suviniscita Teje Rājāya Dhārani

아파리미타유르 즈나나 수비니스치타 테조 라자야 다라니

무량수결정왕광명다라니(無量壽決定光明王陀羅尼)

नमे भगवते अपरिमितायुं ज्नन सु

Namo Bhagavate Aparimitāyum jnana Su

나모 바가바테 아파리미타윰 즈나나 수

वीनीस्चीत तिजे राजाव तथागताय अरहते

Vinise Tejo Rājāva Tatāgatāya Arahate

비니세이타 테조 라자야 타타가타야 아르하테

संयव संबुद्धहाय तछयचा ॐ सर्व सं स्कार

Samyak Sambuddhā Tadyata OM Sarva Sam Skāra

삼약 삼부따야 타드야타 옴 사르바 삼 스카라

परिसुद्दय धर्मते गगन

Parisuddaya Dharmate Gagana

파리수따야 다르마테 가가나

संमुछ गते स्वभाव वि सुद्धे महा नय परि वरी स्वाहा

Sammud Gate Svabhāva Vi Sudde Mahā Naya Pari Varī Svāhā

사무드 가테 스바바바 비 수떼 마하 나야 파리 바리 스바하

가장 높고 무량한 삶의 지혜와 광명의 왕이시며
여래이시며 아라한이시며 무상정등정각이시고
세존이신 그대에게 귀의합니다.
옴 모든 올바른 행위는 현상세계에서
가장 순수하며 진리이며 텅빈 진공으로 들어갑니다.
본질적인 본성은 완전히 순수합니다.
대승의 가르침은 경이로우며 완전합니다.

『무량수결정왕광명다라니』 한자어 발음표기

나모 바아바제 이바리 미지 율야나
소미닐지다 제오라아야 다타 아다야 라하제
삼먁 삼못다야 다냐타 옴 살바 승까라
바리숫다 달마제 아아나
삼모 나아제 사바바바 미숫제마 하나야 바리바리 사바하

32. 대길상천녀다라니
(大吉祥天女陀羅尼)

क्षीदेवि धरनि

Śrīdevi Dharāni

스리데비 다라니

대길상천녀(大吉祥天女)

नमे बुद्धाय नमे धर्माय नमः संघाय
नमे क्षी महादेविाय

Namo Buddhāya Namo Dharmaya Namoh Samghāya
Namo Sri Mahādevīya

나모 부다야 나모 다르마야 나마흐 삼가야
나모 스리 마하데비야

तद्यथा ॐ परि पुर्न चरे समन्त दर्सने महा

TadhyathāOM Pari Pūrna care Samanta Darsane Mahā

타드야타 옴 파리 푸르나 차레 사만타 다르사네 마하

विहार गते समन्त विधामने

Vihāra Gate Samanta Vidhāmane

비하라 가테 사만타 비다마네

महा कर्य प्रति स्त्हान सर्वार्च साचने

Mahā Karya Prati Sthane Sarvārtha Sāhane

마하 카르야 프라티 스트하네 사르바르타 사다네

सुप्रति पुरि आयन धर्मता महा अविकेपिते

Suprāti Pūri Āyana Dharmatā MahāAvikepite

수프라티 푸리 아야나 다르마타 마하 아비코피테

महा मैत्री उप संहिते महा क्लेसे सु

MahāMaitri Upa Samhite Mahā Klese Su

마하 마이트리 우파 삼히타 마하 크레세 수

संग्हिते समन्तार्च अनु पालने स्वाहा

Samgrhīte Samanthārta Anu Pālane Svāhā

삼그르히테 사만타르타 아누 프라네 스바하

불법승에 귀의합니다.
길상의 천녀에게귀의합니다.
길상의 천녀는 옴 완전히 성공적인 행위를 하며
모든 지혜와 이해와 행위를 가져다준다.
위대한 실천을 통하여 모든 진리는 완전하며
부쉬지지 않는 본성으로 다가가게 한다.
모든이에게 위대한 자비를 주고 오염된 것을 정화하고
모든 이에게 영광을 준다.
영원하기를!

『인도신화』에서
불교의 호법천신 스리 데비(Sri Devi)와 대길상천녀주

길상천(吉祥天)의 산스크리트어인 범명(梵名)은 스리 마하 데비(Sri Maha Devi)이며 음역은 실리마하데비(室利摩訶提毘)이다. 복덕(福德)을 베푸는 여신(女神)이다.

또한 마하쉬리(Mahashri)인 마하실리(摩訶室利), 실리천녀(室唎天女), 길상천녀(吉祥天女), 길상공덕천(吉祥功德天), 보장천녀(寶藏天女), 제일위덕(第一威德) 성취중사(成就衆事) 대공덕천(大功德天)이라고도 한다.

본래는 인도 신화 중의 신이다. 산스크리트어로 나라야나(Narayana) 한역으로는 나라연천(那羅延天) 왕의 왕비이고 애욕신(愛欲神)의 어머니이다.

뒷날 인드라(Indra)인 제석(帝釋), 마헤쉬리(Maheshri)인 마혜수라(摩醯首羅), 비쉬누(Vishnu) 신인 비습노(毘濕奴) 등 여러 신들과 함께 모두가 불교에 흡수되어 호법천신(護法天神)이 되었다.

초기 인도불교의 전설에 따르면, 길상천은 비사문천(毘沙門天, 사천왕 중 북방 다문천왕)의 왕비이고 아버지는 덕차가(德叉迦), 어머니는 귀자모신(鬼子母神)이다.

33. 소재길상다라니(逍災吉祥陀羅尼)

जवलमहाउग्र धारणि

Jvalamahāugra Dharāni

스발라마하우그라 다라니

소재길상다라니(逍災吉祥陀羅尼)

नमह समन्थ बुद्धहानां अपरतीहतासासननां

Namaha Samantha Buddhānām Aparati Hatā Śāsananam

나모 사만다 붓다남 아파라티 하타 사사나남

तछयच ॐ क क काही काही हुं हुं

Tadyatha OM Kha Kha Khāhi Khāhi Hum Hum

다드야타 옴 카 카 카히 카히 훔 훔

ज्वाला ज्वाला प्रज्वाला प्रज्वालाः दीस्च दीस्च

Jvālā Jvālā Prajvālā Prajvālāh Diṣṭhā Diṣṭhā

스발라 스발라 프라즈발라 프라즈발라흐 디스타 디스타

स्तीरि स्तीरि स्पुत स्पुत शन्तिक शारिये स्वाहा

Ṣṭiri Ṣṭiri Spuṭa Spuṭa Śantika Śrīye Svāhā

스티리 스티리 스푸타 스푸타 산티카 스리예 스바하

우주에 가득찬 거침없는 부처님을 경배합니다.
허공안에 비어있어 모든 장애를 소멸하고
성스러운 마음이 되리라 성스러운 마음이 되리라.
빛이여 빛이여!
찬란한 빛이여!
머물러라 머물러라.
부쉬지고 부쉬지고 파열되고 파열되고
재난은 사라지고 복은 많아지고 그렇게 될지이라.

34. 공덕보산신주(功德寶山神呪)

गुनरत्रशीर धारणि

Gunaratraiśra Dharāni

구나라트라이시라 다라니

공덕보산신주(功德寶山神呪)

नमे बुद्धाय नमे धर्मया नमः संघाय

Namo Buddhāya Namo DharmayāNamah Samghāya

나모 부따야 나모 다르마야 나마흐 삼가야

ॐ सिद्धे हुरुहुरुसिधुरु कृपा कृपा

OM Siddhe Huru Huru Sdhuru Kripā Kripā

옴 시떼 후루 후루 시두루 크리파 크리파

सिद्धाणि पुरुणि स्वाहा

Siddhāni Puruni Svāhā

시따니 푸루니 스바하

부처님께 귀의합니다.
법에 귀의합니다.
승가에 귀의 합니다.

빠르게 이루어 지소서.
빠르게 이루어 지소서.
자비심을 베푸소서.
자비심을 베푸소서.

그렇게 모든 것이 성취되게 하소서.

35. 왕생정토주(往生淨土呪)

सुखवति व्युह धारणि

Sukhavati Vyuha Dharāni

수카바티 브유하 다라니

왕생정토주(往生淨土呪)

नमे अमीताभाय तठागताय तछयठा ॐ

Namo Amitābhāya Tathāgatāya Tadyathā OM

나모 아미타브야 타타가타야 타드야타 타드야타 옴

अंतेछभवे अंत सीद्धं भवे

Amrtodbhave Amrta Siddham bhave

암르토드바베 암르타 시땀 바베

अंत वीक्रान्ते अंत वीक्रान्ते गामिने गगन

Amrta Vikrānte Amrta Vikrānte Gāmine Gagana

암르타 비크란테 암르타 비크란테 가미네 가가나

कीर्ती करि स्वाहा

Kirti Kari Svāhā

키르티 카리 스바하

160

『무량수불설 왕생정토주 (無量壽佛設往生淨土呪)』
죄업과업장소멸 및 왕생정토를 위한 진언

이 다라니는 특히 장수하는 데 큰 효험을 보이는데,
베껴서 높은 곳에 두고 공양하면 단명할 사람이 장수하게 되며,
죽어서는 무량수왕의 불국토에 태어나게 된다고 설한다.

이어서 99구지의 부처들이 등장해 이구 동성으로 이 다라니경을
설명하는데, 이 경을 베끼기만 하여도 사천왕의 호위를 받을 수
있으며, 이 다라니를 외우면서 조금만 보시를 해도 무한한 공덕을
얻을 수 있다고 설한다.

『왕생정토주 』 한자어 발음표기

나무 아미다바야 다타가다야 다디야타 아미리
도바비 아미리다 싯담바비 아미리다 비가란제
아미리다 비가란다 가미니 가가나 깃다가례 사바하

36. 무구정광대다라니(無垢淨光大陀羅尼)

रस्मि विमल विसुद्धप्रभ धाराणि

Rasmi Vimala Vishutta prabha Dhārāni

라스미 비말라 비슈따 프라바 다라니

무구정광대다라니(無垢淨光大陀羅尼)

नमः सप्त सप्ततिभयः संयक्सं बुद्ध केटिनां

Namaḥ Sapta Saptatībhyaḥ Samyaksaṁ buddha Kotinām

나마흐 사프타 사프타티브야흐 삼약삼 부따 코티남

परि शुध मनस कार प्रति षटितनं

Pari Śuddha Manasa Kāra Prati Ṣṭhitānāṁ

파리 수다 마나사 카라 프라티 스티타남

नमे भगवते अमितायुसाय तथगताय अर्हते
संयक्सं बुद्धय

Namo Bhagavate Amitāyuśāya Tathāgatāya Arhate
Samyak Saṁbuddhāya

나모 바가바테 아미타유사야 타타가타야 아르하테
삼약 삼부따야

ॐ सर्व आयुर् वम बल संपन्न विसशुद्धे संभार

OM Sarva Āyur vaṁa Bala SaṁPanna Viśuddhe Saṁbhāra

옴 사르바 아유르 바르나 발라 삼 파나 비슈떼 삼바라

सर्व तथगत वीरय बलेन प्रति संहारये स्पार स्पार

Sarva Tathāgata Vīraya balena Prati Saṁhārye Sphāra Sphāra

사르바 타타가타 비라야 바레나 프라티 삼하르예 스파라 스파라

स्वं तथ्गत अनु भाव परि पालय बेधी बेधी
बुद्धय विबुद्धा बुद्धाय बेद्धय

(사르바 타타가타)

Sarva Tathāgata Anu Bhāva Pari Pālaya Bodhi Bodhi
Buddhya Boddhaya

사르바 타타가타 아누 바바 프라티 파라야 보디 보디 부따야 부따야

संव सत्त्वनं च संव पाप आवरण विशोधय

Sarva Sattvānām Ca Sarva Pāpa Āvaraṇa Viśodhaya

사르바 사뜨바남 차 사르바 파파 아바르나 비소다야

संव मल त कर्मान्त विगते सु बुद्धबुद्धिहुरु हुरु स्वह

Sarva Mala Karmānta Vigate Su Buddha Buddhi Huru
Huru Svaha

사르바 마라 카르만타 비가테 수 부따 부띠 후루 후루 스바하

『무구정광대다라니』 한자어 발음표기

나무삽다삽다디뱌 삼약삼못다구디남
반리숟다마나사 바진다반리딧디다남
나무바가바디아미다유사사다다아다사
옴 다다아다숟뎨 아유비수달니
싱하라싱하라 살바다다아다비리야바리나
반라디싱하라아유 살마라살마라
살바다다아다삼매염 못디못디 못댜비못다
못다야못다야 살바바바아바라나비숟뎨
비아다마라배염 소못다못뎨 호로호로스바하

『무구정광대다라니』 한글 뜻 표기

부처님이 말씀하셨다.

"큰 다라니의 이름은 최승무구청정광명대단장법(最勝無垢淸淨光明大壇場法)이다.

여러 부처님들이 이것으로 중생을 위로하시느니라. 이 다라니를 들은 사람은 다섯 가지 역적죄가 소멸되어 지옥문이 닫치게 되고, 간탐하고 질투한 죄업을 멸하게 되며, 명이 짧은 이는 수명이 장원하며 여러 가지 상서스러운 일이 저절로 생기게 되느니라." 하였다.

이 무구정광대다라니경은 1966년 경주불국사의 석가탑에 봉안 되었던 세계에서 가장오래된 목판본이 발견되면서 세상에 알려지게 되었다.

37. 십일면관자재보살근본진언
(十一面觀子在普薩根本眞言)

आर्य ऐकदशमुक आर्यावलोकितेश्वराया मन्त्र

Ārya Eākadaśmuka Āryāvalokitesvarāyā Mantra

아르야 에카다사무카 아르야발로키데스바라야 만트라(진언)

십일면관자재보살근본진언(十一面觀子在普薩根本眞言)

नमे रत्न त्रयाय नम आर्य जान सागर

𑀭 𑀪 𑀇 𑀇 𑀅 𑀭𑀪𑀭 𑀭 𑀪 𑀆 𑀇 (나모 라트나 트라야 나마)

Namo Ratna Trayāya Nama Ārya Jñāna Sāgara

나모 라트나 트라야 나마 아르야 즈나나 사가라

वैरेछन व्युह राजाय तठागताय अर्हते

Vairocana Vyūha Rājāya Tathāgatāya Arthate

바이로차나 브유하 라자야 타타가타야 아르하테

संयक्सम्बुद्धहाय नमः सर्व तथागतेभः

Samyaksambuddhāya Nama Sarva Tathāgatebhah

삼약삼부다야 나마흐 사르바 타타가테바흐

अर्हतेब्हय संयक्सम्बुद्धहायः नम अर्य

Arhatebhyah Samyaksambuddhāya Nama Arya

아르하테브흐야흐 삼약삼부테브흐야흐 나마 아리야

अवलेकिते स्वराय बेधिसत्त्वाय महा सत्त्वाय

Avalokite Svarāya Bodhisattvāya MahāSatvāya

아발로키테 스바라야 보디사뜨바야 마하 사뜨바야

महा कारुनिकाय तछयथा ॐ धर धर

MahāKārunikāya TadyathāOM Dhara Dhara

마하 카루니카야 타드야타 옴 다라 다라

धिरि धिरि धुरु धुरु इद्दे विद्दे चले चले

Dhiri Dhiri Dhuru Dhuru Iṭṭe Viṭṭe Cale Cale

디리 디리 두루 두루 이테 비테 차레 차레

प्रचले प्रचले कुसुमे कुसुम वरे

पहरपहरू ॐसपरुपपर

Pracale Pracale Kusume Kusuma Vare

프라 차레 프라 차레 쿠슈메 쿠슈마 바레

इ लि मि लि चिति जालं अपनय स्वाहा ः

ॐ री पार (이 리 미 리)

I Li Mi Li Citi Jālam Apanaya Svāhāh

이 리 미 리 치티 자람 아파나야 스바하

『십일면관자재보살근본진언』의 산스크리트 단어 해석

나모; 귀의하다

라트나트라야; 삼보(三寶)

삼약삼부타: 전등각

아리야 즈나나 사가라: 성스러운 지혜의 바다

바이로차나: 비로자나

브유하: 짜여진

라자야: 왕

타타가타: 여래

아르하테: 아라한

아발로키테스바라: 무상정등각

다라다라: 방향

디리디리: 확고한

두루두루: 짐을 지운방향

차레차레: 움직이는

프라차레: 움직이는

쿠슈메: 꽃

쿠슈마바레: 꽃의 둘레

이미 미리 치치: 진언

즈발람: 천천히 타오르는

아파나야: 이끌어주는

스바하: 영광있으라

삼보에 귀의합니다.

성스러운 지혜의 바다에 귀의합니다.

비로자나 여래, 광명을 내뿜는이시여!

보살의 이름을 가진 왕이시여,

여래이시며,

아라한이시며,

무상정등각자이시며,

모든 여래들의 근원이시며,

아라한의 근원이시며,

무상정등각자이신 성스러운 관자재보살에게 귀의합니다.

보살(普薩)이시여,

위대한 존재이시여,

대자대비(大慈大悲) 하신 이시여!

십일면관자재보살 또는 십일면관음보살(十一面觀音普薩)은 열 하나의 얼굴을 지닌 관음보살이다.

관음신앙은 인도의 후기불교의 힌두교의 신과 접목되어 변화되었다.

11면 보살은 머리의 앞부분에 3면 좌우에 각각 3면 후면에 1면 정상에 1면이 있다.

이것은 모든 중생들을 다 돌보는 보살의 뜻이기도 하다.

앞의 3면은 자비로운 모습이며,

좌측 3면은 분노한 모습이며 악한 중생을 보고 동정심을 일으켜 구제한다는 것이다.

우측 3면은 미소 짓는 모습이며 청정하게 실천하는 이들의 고무시켜 준다.

뒤 1면은 포악함과 폭소의 모습이며 선하거나 악한 모든 부류를 포섭하려는 것이며, 정상의 1면은 붓다의 모습이다.

위의 1면은 붓다를 나타내며 나머지 10면은 보살의 10단계인 10지 (支)를 말한다. 관세음보살의 한 이름이며 천수천안의 모습이기도 하다.

38. 무량수여래근본다라니
(無量壽如來根本陀羅尼)

नमे रत्नत्रयाय नमः आर्य अमितभय तथागताया

NamoRatnaTrayāyaNamah: Ārya Amitabhaya Tathāgatāyā

나모 라트나 트라야야 나마흐 아르야 아미타바야 타타가타야

अहॅते सम्यक्संबुद्धाय तद्यथा ॐ आमृति आमृते

Arhāte Samyaksambuddhāya Tadyathā OM Amrite Amrito

아르하테 삼약 삼부따야 타드야타 옴 암리테 암리토

द्भवे आमृत संभवे आमृत गॅभे आमृत

Dbhave Amrita Sambhave Amrita Garbhe Amrita

드바베 암리타 삼바베 암리타 가르베 암리타

सिद्धे आमृत तेजे आमृत विक्रन्ते आमृत

Siddhe Amrita Teje Amrita Vikrante Amrita

시떼 암리타 테제 암리타 비크란테 암리타

विक्रन्त गामिने आमृत गगन किर्तिकरे

Vikranta Gāmine Amrita Gagana Kirtikare

비크란타 가이네 암리타 가가나 키르티카레

आमृत दुन्दुभि स्वरे सर्वार्थ साधने

Amrita Dundubhi Svare Sarvārtha Sādhane

암리타 둔두비 사르베 사르바르타 사다네

सर्वा कर्म क्लेश क्षयं करे स्वाहा

SarvāKarma Klesa Ksayam Kare Svāhā

사르바 카르마 크레사 크사얌 카레 스바하

무량수여래근본다라니(無量壽如來根本陀羅尼)는
아미타 부처님께 귀의하여
모든 소원을 이루고 모든 악업과 번뇌가 사라지는 것을
기원하는 진언이다.

39. 보협인다라니(寶篋印陀羅尼)

नमः स्त्रिय ध्विकनं सर्व तथागतानां

र यः ह्रि(ह्र)ह्न र य व र व ग र र

Namah: Striya Dhvikanām Sarva tathāgatanām

나마흐 스트리야 드비카남 사르바 타타가타남

ॐ भुविभ वदवरि वचरि वचतवै
सुरु सुसु धर धर

ॐ उ वि र व र व र व र व ट
य र य ह य र ग

OM Bhuvibha Vadavari Vacari Vacatai
 Suru Suru Dhara Dhara

옴 부비바 바다바리 바차리 바차타이

수루 수루 다라 다라

सर्व तथागत
धातुधरि पद्मं भवति जयवरि मुद्रि

य व र व ग र
व उ र प भ र व र ह य व र य

Sarva Tathāgata

Dhātudhari Padmam Bhavati Jayavari Mudri

사르바 타타가타

다투다리 파드맘 바바티 자야바리 무드리

स्मर तथागत धर्म चक्रप्रवर्त्तन वज्री बोधि

Smara Tathāgata Dharma Cakra Pravarttana Vajri Bodhi

스마라 타타가타 다르마 차크라 프라바르따나 바즈이 보디

मन्द लुंकर लुंकृते सर्व तथागता धिशतिते

Manda Lumkara lumkrte Sarva Tathāgata Dhistite

만다 룸카라 룸크르테 사르바 타타가타 디스티테

बेधय बेधय बेधि बेधि बुद्ध्य बुद्ध्य
संबेधनि संबेधय

Bodhaya Bodhaya Bodhi Bodhi Buddhya Buddhya
Sambodhani Sambodhaya

보다야 보다야 보디 보디 부따야 부따야
삼보다니 삼보다야

चल चल चलंतु सर्व वरननि

Cala Cala Calamtu Sarva Varanani

차라 차라 차람투 사르바 바라나니

सर्व पापविगते हुरु हुरु सर्व शेकविगते

Sarva Pāpavigate Huru Huru Sarva Sokavigate

사르바 파파비가테 후루후루 사르바 소카비가테

सर्व तथागत
हृदय वज्रनि संभर संभर

Sarva Tathāgata

Hrdaya Vajrani Sambhara Sambhara

사르바 타타가타

흐르다야 바즈라니 삼바라 삼바라

सर्व तथागत गुह्य धरणी मुद्री बुद्धे सुबुद्धे

य 5 र ष ग र गु द्धि ष ण गि ड ब द म ड

Sarva Tathāgata Guhya Dharani Mudri Buddhe Subuddhe

사르바 타타가타 구흐야 다라니 무드리 부떼 수부떼

सर्व तथागत धिश्तित धातु गर्भे स्वाहा समया

य 5 र ष ग र थ ष द ष उ ग क षु र म म म

Sarva Tathāgata Dhistita Dhātu Garbhe SvāhāSamayā

사르바 타타가타 디스티타 다투 가르베 스바하 삼마야

धिश्तिते स्वाहा सर्व तथागत हृदय
धातुमुद्री स्वाहा

ष ष र ड द

य 5 र ष ग र ड र म ष उ गि द ड द

Dhistite Svāhā

Sarva Tathāgata Hrdaya Dhātumudri Svāhā

티스티테 스바하

사르바 타타가타 흐르다야 다투무드리 스바하

सुप्रतिष्ठित स्तुभे तथागत धष्तिते
हुरु हुरु हुं हुं स्वाहा

Supra Tistita Stubhe Tathāgata Dhistite
 Huru Huru Hūm Hūm Svāhā

수프라 티스티테 스투베 타타가타 디스티테
후루 후루 훔 훔 스바하

ॐ सर्व तथागत उष्णीष धातु मुद्रनी

OM Sarva Tathāgata Usnīsa Dhātu Mudrāni

옴 사르바 타타가타 우스니사 다투 무드라니

सर्व तथागतं
सध तुविभुशिता धिश्तीते हुं हुं स्वाहा

Sarva Tathāgatam

Sadha TuvibhusitāDhistite Hūm Hūm Svāhā

사르바 타타가탐

사다 투비부시타 디스티테 훔 훔 스바하

보협인다라니경(寶篋印陀羅尼經)은 서기 772년 인도의 불공(不空)
스님이 한역하여 대장경에 남아 있는 것으로서,
모든 여래(如來)의 전신사리(全身舍利) 공덕을 기록한 다라니를 기록
하거나 쓰거나 간행하여서 불탑 안에 넣어서 공양을 한다면 죄를 소
멸시키고 공덕을 쌓게되어서 성불 할 수 있다고 설법하있다.

전해지는 고려시대 목판본에서 가장 오래된 것으로 1007년(고려 목
종 10년)에 개성의 총지사(摠持寺)에서 간행된것이 있다고 한다.
이 보협인다라니는 실담어로 전해내려온 다라니를 뜻은 제외하고 산
스크리트어와 실담어로 표현하였다.

제3장
티벳불교의 진언과 게송

पारमितायान वज्रयान

Pāramitāyāna Vajrayāna

파라미타야나 바즈라야나

반야승(般若乘) 불교,
금강승(金剛乘) 불교

1. 관세음보살 진언

ॐ मणि पद्मे हूं मन्त्र

OM Mani Padme Hum mantra

옴마니파드메훔 진언

ॐ मणि पद्मे हूं

OM Mani padme Hum

옴 마니 파드메 훔

옴 마니 반메 훔

옴(OM): 신성한 희열(지혜), 지고의 영역

마(Ma): 윤리, 욕망(신성함을 열망하는)

니(Ni): 인내, 열망(인간)

파드(Pad): 노력, 오만(동물)

메(Me): 벗어나는 것, 가난(굶주린 영혼)

훔(Hum): 공격적인(지옥)

'옴 마니 파드 메 훔(OM Mani Pad Me Hum)'이 만트라는 육바라밀과 의식의 세계와 신성의 상징과 태어나는 영역등과 연결되어 자신을 발전시켜준다.

단어	육바라밀	정화	윤회 영역	색깔	신성 상징	태어나길 원하는 영역
옴 (OM)	보시(布施) 다나 (Dana)	자신감, 에고	신 (데바: Deva)	백색	지혜	포탈라 (Potala)의 완전한 영역
마 (Ma)	지계(持戒) 실라(Sila)	즐거움에 대한 질투, 욕망	아귀 (아수라 :Asura)	초록	동정심	포탈라 (Potala)의 완전한 영역
니 (Ni)	인욕(忍辱) 카산티 (kasanti)	열정	인간	노랑	몸, 말, 마음의 특성과 행위	아미타바 (Amitābha)의 영역 (극락)
파드 (Pad)	정진(精進) 비르야 (Virya)	무지, 오만	동물	파랑	평정심	보존되는 영역
메 (Me)	선정(禪定) 드야나 (Dhyana)	가난, 소유욕	아귀	빨강	희열	포탈라 (Potala)의 완전한 영역
훔 (Hum)	지혜(智慧) 프라그야 (Prajña)	증오	지옥	검정	동정심의 특성	연꽃 왕좌의 현존

2. 오방승불진언(五方勝佛眞言)

पन्च ध्यानि बुद्ध मन्त्र

Pancha Dhyāni Buddha Mantra

판차 드야니 붓다 만트라

오방승불진언(五方勝佛眞言)

오방승불은

중앙의 바이로차나(Vairocana)는 대일여래(大日如來)이고,
공간요소이며 흰색을 나타낸다.
동방의 악쇼비아(Akṣobhya)는 아촉여래이고,
물의 요소이며 푸른색을 나타낸다.
남방의 라트나삼바바(Ratnasambhava)는 보생여래(寶生如來)이고,
노랑색이며 땅의 요소를 나타낸다.
서방의 아미타바(Amitābha)는 아미타여래(阿彌陀如來)이고,
불의 요소이며 붉은 색을 나타낸다.
북방의 아모가시띠(Amoghasiddhi)는 불공성취여래(不空成就如來)이고,
녹색을 나타내며 바람의 요소를 나타낸다.

티벳불교에서는 최고 존재인 아디 부처가 그 자신의 명상의 힘으로
오방승불을 창조했다고 한다.

(1) 중앙(中央) 비로자나불(毘盧遮那佛) 진언

वैरोचन बुद्ध मन्त्र

Vairocana Buddha Mantra

바이로차나 붓다 만트라

중앙(中央) 비로자나불(毘盧遮那佛) 진언

ॐ वैरोचन हुं

OM Vairocana Hum

옴 바이로차나 훔

(2) 동방(東方) 아촉불진언

अक्षेभ्य बुद्ध मन्त्र

Akṣobhya Buddha Mantra

악쇼비아 붓다 만트라

동방(東方) 아촉불진언

ॐ अक्षेभ्य हुं

OM Akṣobhya Hum

옴 아크소브야 훔

(3) 남방(南方) 보생불(寶生佛)진언

रत्नसंभव बुद्धमन्त्र

Ratnasambhava Buddha Mantra

라트나삼바바 붓다 만트라

남방(南方) 보생불(寶生佛)진언

OM Ratnasambhava Tram

옴 라트나삼바바 트람

(4) 서방(西方) 나무아미타불(南無阿彌陀佛)진언

नामे अमिताभ बुद्ध मन्त्र

Namo Amitābha Buddha Mantra

나모 아미타바 붓다 만트라

서방(西方) 나무아미타불(南無阿彌陀佛)진언

नामे अमिताभ बुद्ध

Namo Amitābha Buddha

나모 아미타바 붓다

나무아미타불(南無阿彌陀佛)

ॐ अमिदेव ह्रिः

ཨོཾ་ཨ་མི་རེ་ཝ་ཧྲཱིཿ

OM Amideva Hriḥ

옴 아미데바 흐리흐

(5) 북방(北方) 불공성취불(不空成就佛) 진언

अमेट्टसिद्धि बुद्ध मन्त्र

Amoghasiddhi Buddha Mantra

아모가시띠 붓다 만트라

북방(北方)의 불공성취불(不空成就佛) 진언

ॐ अमेट्टसिद्धि आः हूं

ཨོཾ་ཨ་མོ་གྷ་སི་དྡྷི་ཨཱཿཧཱུྃ

OM Amoghasiddhi ĀḥHum

옴 아모가시띠 아흐 훔

3. 타라 진언

तार मन्त्र

Tāra Mantra (Ta ra 眞言)

ॐ तारे तु त्तारे तुरे स्वाहा

OM Tāre Tu Ttare Ture Svāhā

옴 타레 투 따레 투레 스바하

ॐ तारे तु त्तारे तुरे सोह

OM Tāre Tu Ttare Ture Soha

옴 타레 투 따레 투레 소하

타라(Tara) 보살은 티벳에서 관세음보살과 함께 대중에게 가장 가깝고 인기 있는 보살 중의 하나이다. 타라(Tara)는 산스크리트어인데 삶에서 고통의 강을 건네주는 보살이며 다양한 색깔의 타라가 있는데 녹색 타라는 깨달음을 이르게 해주고, 백색 타라는 자비와 수명과 평정을 주며, 적색 타라는 선행을 권장하게 하며, 흑색 타라는 힘과 권능을 부여하며, 황색 타라는 부와 번영을 주며, 청색 타라는 분노를 가라 앉히게 한다.

타라는 원래 인도의 힌두 신앙에서 성모 사상인 삭티(Shakti) 사상에 영향을 받았으며 10개의 성모 중에 같은 이름인 타라가 있다. 타라는 전설에 따르면 관세음보살의 눈물에서 태어났다고도 한다. 관음보살처럼 피안의 세계로 건너가게 해주는 구원의 보살이기도하다.

4. 백색 타라(Arya Tāra) 진언

ॐ तारे तुत्तारे तुरे मम आयुः

OM Tare Ttare Ture Mama Āuyḥ

옴 타레 투따레 투레 마마 아유흐

पुय ान पुष्टिं कुरु स्वाहा

Puṇya Jnāna Puṣṭiṁ kuru Svāhā

푼야 즈나나 푸스팀 쿠루 스바하

옴: 절대적인 만트라

타레 투타레 투레: 타라 진언

마마: 나의

아유흐, 아유르: 생명, 삶

푼야 즈나나: 순수한 지혜

푸스팀 쿠루: 증가시키는

스바하: 회향(回向)하다

백색타라 진언은 생명을 연장하고,
장수와 지혜를 자비롭게 하는 진언이다.

5. 금강살타진언(金剛薩陀眞言)

वज्रसत्त्व मन्त्र

Vajrasattva Mantra

바즈라사뜨바 만트라

금강살타진언(金剛薩陀眞言), 백자진언(白字眞言)

ॐ वज्रसत्त्व हुं

OM Vajrasattva Hum

옴 바즈라사뜨바 훔

ॐ वज्र सत्त्व समयं अनपालय वज्र सत्त्व

OM Vajra Sattva Samaya Anapālaya Vajra Sattva

옴 바즈라 사뜨바 사마얌 아나파라야 바즈라 사뜨바

त्वेनॊप अतिस्ठ छ्ध मे भव

Tvenop Atista Drdha Me Bhava

트베노프 아티스타 드르다 메 바바

सुतेस्ये मे भवानुरक्ते मे भव सु पेस्ये मे भव

Sutesyo Me Bhavānurakto Me Bhava Su Posyo Me Bhava

수토스요 메 바바누라크토 메 바바 수 포스요 메 바바

सर्व सिद्धिन् च मे

Sarva Siddin Ca Me

사르바 시띤 차 메

प्रयच्च सर्व कर्मे सु च मे चित्त स्रेय कुरु

Prayacca Sarva Karme Su Ca Me Citta Sreya Kuru

프라야짜 사르바 카르메 수 차 메 치따 스레요 쿠루

हुं ह ह ह ह हे भगवन्

Hum Ha Ha Ha Ha Ho Bhagavan

훔 하 하 하 하 호 바가반

संव तथागत वज्र मा मे मुन्च वज्रि भव

Sarva Tathāgata Vajra Mā Me Munca VajrīBhava

사르바 타타가타 바즈라 마 메 문차 바즈리 바바

महा स्मय सत्त्व अः

MahāSmaya Sattva Ah

마하 사마야 사뜨바 아흐

옴 바즈라사뜨바에게 경배합니다!

그대의 금강(金剛)의 존재를 드러내주소서!
나를 확고하게 해주소서!
나를 진정으로 기쁘게 하소서!
나를 가득넘치게 하소서!
나를 열정적으로 되게 하소서!
나를 성공과 성취에 도달하게 하소서!

나의 정신이 명료한 가운데 모든 행위를 하게 하소서!
훔 하 하 하 하 호 축복을 주는 이여,
모든 사람이 금강의 지혜 안에서 벗어나지 않게 하소서!
금강의 지혜를 주는 위대한 일에 연결되게 하소서!
아흐

6. 금강대사심진언(金剛大師心眞言)

वज्र गुरु मन्त्र

Vajra Guru Mantra

바즈라구루만트라(금강대사심진언)

연화생대사심주(蓮華生大師心呪)

ॐ आः हूं वज्र गुरुपद्मसिद्धि हूं

OM AḥHum Vajra Padma Siddhi Hum

옴 아흐 훔 바즈라 구루 파드마 시띠 훔

연화생대사(蓮華生大師)인 파드마삼바바(Padmasambhava)는
일반적으로도 세계적으로 많이 알려진 '티벳 사자의 서'의 저자이다

환생한 구루 린포체 (Guru Rimpoche)라 알려진 파드마삼바바는 인도
출신이다. 그는 티벳에 탄트라 불교를 소개하였다.
8세기 활약하였던 파드마삼바바는 그 때 당시 인도불교 학문의
중심지인 나란다(Naranda) 대학에서도 수학 하였다고 한다.

파드마삼바바의 중국식 이름은 연화생대사라 알려졌는데
'연꽃에서 태어난 이'라는 뜻이다. 파드마삼바바를 기리는 노래가
연화생대사심주(蓮花生大士心呪)이다.

7. 밀라레파(Milralepa)진언

ॐ आः गुरु हसवज्र सर्वसिद्धि हूं

OM ĀḥGuru Hsavajra Sarvasiddi Hum

옴 아흐 구루 하사바즈라 사르바시띠 훔

옴: 절대적인 진언
아흐: 진언
구루: 영적인 스승
하사: 웃는, 폭소
바즈라: 금강(金剛)
하사바즈라: 밀라레파 스승은 하사바즈라(Hasavajra)를
　'웃는 금강' 티벳어로는 '제파 도르체' 라 하였는데
이것을 '헤바즈라' 라고도 한다.
사르바시띠: 모든 것을 이루는, 모든 것을 성취하는
훔: 진언

밀라레파는 11세기의 티벳의 위대한 스승이었다.
그는 어린나이에 그의 친족에게 복수를 하기 위해 흑마술로 죽임을
당하게 하였다. 그 후에 그는 인도에서 나로파(Naropa)와 마이트리파
(Maitripa)의 가르침을 받은 마르파(Marpa) 스승에게 그의 죄업을
정화하기위해 많은 고초를 겪는다. 몸이 파랗게 되도록 약초풀을
먹으며 수행하였다. 밀라레파는 오랜 수행 끝에 깨달음을 얻는다.
그의 저서로는 《밀라레파의 십만송(十萬頌)》 이 있다.

8. 옴아훔진언(唵阿吽眞言)

OM Āh Hūṁ

옴 아흐 훔진언

ॐ आः हूं

OM Āḥ Hūṁ

옴 아흐 훔

이 만트라는 불공성취인 아모가시띠(Amoghasiddhi)와 연관되며 '옴 아흐 훔(唵阿吽)'은 몸과 말과 마음 즉 신(身)과 구(口), 의(意)와 연계된다.

제4장
대승불교의
오대 진언

1. 능엄주진언(楞嚴呪眞言)

शूरङ्गमा समाधि धारणि

Śūraṅgama Samādhi dhārani

수랑가마 사마디 다라니

산스크리트 능엄주진언(楞嚴呪眞言)

수능엄경(首楞嚴經)과 능엄주(楞嚴呪)에 대하여

수능엄경(Śūraṅgama Samādhi Sūtra)과 능엄주(Śūraṅgama Mantra)
는 대승불교의 위대한 경전중에 하나이다.

수능엄경은 당나라시대에 705년에 중부 인도의 반랄밀제(般剌密帝)
가 산스크리트를 한역하였다. 본경은 진짜가 아니라는 말도 있지만
당나라의 규봉종밀(圭棒宗密) 스님이 찬술한 원각경대소에 능엄경을
중시한 이후에 영명연수(永明延壽) 스님은 종경록에서 능엄경을
광범위하게 인용하였다.

명나라의 학자 전겸익(錢謙益)은 연수스님의 3종의 학자들을 모아서
종경록 100권에서 능엄경에서 근거를 참조하였다.

원래 수능엄경 또는 능엄경의 명칭은
한역으로 대불정여래밀인수증요의제보살만행수능엄경(大佛頂如來密
因修證了義諸菩薩萬行楞嚴)이다.

종밀, 연수 스님에 이어 장수자선(長水子璿)스님은 화엄학의 입장에서
능엄경의소주경(能嚴經義疏住經) 20권을 정립하고 능엄대사로 칭송을
받았다.
중국 송나라의 해석에서 대불정(大佛頂)은 이 경의 진리 그 자체인
법체이며 여래밀인수증요의(如來密因修證了義)는 불과(佛果)로 수행
의 성과로 중생을 이롭게 한다는 것이며 제보살만행수능엄(諸菩薩萬
行楞嚴)은 자타의 수행을 이룩한다는 뜻이다.

우리나라에서도 고려의 보환(普幻)스님은 능엄경환해산보기(能嚴經環
解刪補記)를 1265년에 저술하였으며 조선시대에는 연담(蓮潭)스님과
인악(仁嶽)스님은 능엄경사기(能嚴經私記)를 저술하였다. 근래에는
운허(耘虛)스님이 한역을 하였다.

능엄경은 우리나라의 불교강원에서도 금강경(金剛經), 원각경(圓
覺經), 대승기신론(大乘起信論)과 함께 사교과(四敎科)중의 하나로
공부하고 있다.
수능엄경은 대승불교의 정점인 반야경과 법화경의 중간에 설하여
여래의 비밀스런 가르침과 보살의 수행을 할 수 있는 대승의 정점을
말해준다.

1회
비로진법회(毘盧眞法會)

नमाह: र्सव सततसुगताय अर्हते सम्यक् संबुद्धस्य

namaḥ sarva satatasugatāya arhate samyak sambuddhsya

나마흐 사르바 사타타수가타야 아르하테 삼약 삼부따스야

नमाह: र्सव सततबुद्ध केतिास्त्रिसम् नमह: र्सवबुद्ध

namaḥ sarva satatabuddha koṭīṣṇīṣaṁ
namaḥ sarvabuddha

나마흐 사르바 사타타부따 코티스니삼 나마흐 사르바부따

बेधीसत्तवेभ्य:नमह:सप्तानांसम्यक्संबुद्धकेतिनाम्

bodhisattvebhyaḥ namaḥ saptānāṁ samyak
sambuddhakoṭīnāṁ

보디사뜨베브야흐 나마흐 사프타남 삼야크 삼부따코티남

सस्रवकसंघानं नमे लोकेअरातनां

saśravakasaṁghānāṁ namo lokearātanāṁ

사스라바카삼가남 나모 로께아르하타남

202

नमहः स्रोतपूनानां नमहः सकृदगामीनां

namaḥ srotâpannānāṁ namaḥ sakṛdāgāmiñaṁ

나마흐 스로타판나남 나마흐 사크르다가미남

नामे अनागामिनां

namo anāgāminām

나모 아나가미남

नामे लेके संट्रानां सम्यक्प्रतीपनानां

namo loke saṁghānāṁ samyakpratipannānāṁ

나모 로케 삼가남 삼약프라티판나남

नमे देवर्सिनां नमहः सीद्धय विद्य धरर्सिनां

namo devaṛṣīnāṁ namaḥ siddhaya vidya dharaṛṣīnam

나모 데바르시남 나마흐 시따야 비드야 다라르시남

शापनुग्रह सहस्र मर्थनाम नमे ब्रह्मने

śāpânugraha sahasra marthanām namo brahmne

사파누그라하 사하스라 마르타남 나모 브라흐마네

नमे इन्द्राय नमे भगवते रुद्राय

namo indrāya namo bhagavate rudrāya

나모 인드라야 나모 바가바테 루드라야

उमापती सहीयाय नमे भगवते नारायनाय

umāpati sahiyāya namo bhagavate nārāyanāya

우마파티 사히야야 나모 바가바테 나라야나야

पञ्च महा समुद्रनमस्नताय

pañca mahā samudra namaskṛtāya

판차 마하 사무드라 나마스크르타야

नमे भगवते महा कालाय

namo bhagavate mahā kālāya

나모 바가바테 마하 카라야

त्रिपुरा नगर वीद्रावन काराय अधिमुक्ती क्षमाशान नीवासीने

tripurānagara vidrāvaṇa kārāya adhimukti śmāśāna nivāsine

트리푸라 나가라 비드라바나 카라야 아디무키 스마사나 니바시네

मातृ गनां नमस्नताय नमे भगवते तथागत कुलाय

mātṛ gaṇāṁnamas kṛtāya namo bhagavate tathāgata kulāya

마트르 가남 나마스 크르타야 나모 바가바테 타타가타 쿠라야

नमे भगवते पद्मकुलाय नमे भगवते वज्र कुलाय

namo bhagavate padma kulāya namo bhagavate
vajra kulāya

나모 바가바테 파드마 쿠라야 나모 바가바테 바즈라 쿠라야

नमे भगवते मनि कुलाय नमे भगवते गज कुलाय

namo bhagavate mani kulāya namo bhagavate gaja kulāya

나모 바가바테 마니 쿠라야 나모 바가바테 가자 쿠라야

नमे भगवते छ्ंध् शुर सेना प्रहरन राजाय
तधागताय अर्हते संम्यक् संबुद्धाय

namo bhagavate dṛḍa śura senā praharana rājāya
tathāgatāya arhate samyak sambuddhāya

나모 바가바테 드르다 수라 세나 프라하라나 라자야
타타가타야 아르하테 삼약 삼부따야

नमे भगवते नमे अमिताभाय तधागताय

namo bhagavate namo amitābhābhāya tathāgatāya

나모 바가바테 나모 아미타바야 타타가타야

अर्हते संम्यक् संबुद्धाय नमे भगवते अक्सेभय
तधागताय

arhate samyak sambuddhāya namo bhagavate
akṣobhya tathāgatāya

아르하테 삼약 삼부따야 나모 바가바테 아크소브야 타타가타야

अर्हते सम्यक् संबुद्धाय
arhate samyak sambuddhāya
아르하테 삼약 삼부따야

नमे भगवते भैसज्य गुरुवैदूर्याय प्रभा राजाय
तधागताय अर्हते सम्यक् संबुद्धाय
namo bhagavate bhaisajya guru vaiḍūrya prabhā
rājāya tathāgatāya arhate samyak sambuddhāya
나모 바가바테 바이사즈야 구루 바이두라야 프라바
라자야 타타가타야 아르하테 삼약 삼부따야

नमे भगवते सम्पुस्पिता सालेन्द्रराजाय
namo bhagavate sampuspītā sālendra rājāya
나모 바가바테 삼푸스피타 살렌드라 라자야

तथागताय अर्हते संख संपुस्पिता नमे भगवते
tathāgatāya arhate samyak sambuddhāya namo
bhagavate
타타가타야 아르하테 삼약 삼부따야 나모 바가바테

शाक्य मुनिये तधागताय अर्हते संबुद्धाय
śākya muniye tathāgāgatāya arhate samyak sambuddhāya
사크야 무니예 타타가타야 아르하테 삼약 삼부따야

206

नमे भगवते रन्न कुसुम केतु राजाय तथागथाय

namo bhagavate ratna kusuma ketu rājāya tathāgatāya

나모 바가바테 라트나 쿠수마 케투 라자야 타타가타야

अंहते संम्यक् संबुद्धाय तेसं

arhate samyak sambuddhāya tesam

아르하테 삼약 삼부따야 테삼

नमस् र्कंत एतद् इमं भगवत स तथागतेक्निसम् सिततपत्रम्

namas kṛta etad imam bhagavata sa tathāgatoṣṇīṣaṁ sitâtapatraṁ

나마스 크르타 에타드 이맘 바가바타 사 타타가토스니삼
시타타파트람

नमपराजितम् प्रत्यहूग्ररा र्संव देव नमस्र्कंतां र्संव देवेभ्यः पूजितं र्संव देवश्च परिपालितं र्संव भुात ग्रह

namaparājitam pratyaṅgirā sarva deva namaskṛtām
sarva devebhyah pūjitam sarva deveśca paripālitam
sarva bhūta graha

나마파라지탐 프라트얀기라 사르바 데바 나마스크르탐
사르바 데베브야흐 푸지탐 사르바 데베스차 파리파리탐
사르바 부타 그라하

निग्रह करनि पर विद्या छेदनि

nigraha karanīpara vidyā chedanī

니그라하 카라니 파라 비드야 체다니

अकाल मृत्यु परि त्तायन करि र्सव भन्धन
मेक्सनि करि

akāla mṛtyu pari trāyana karī sarva bhandhana
moksaī kari

아카라 무르트유 파리 트라야나 카리 사르바 반다나
모크사니 카리

र्सव दुस्त दुह्स्वप्न निवारनि चतुराशितिानिं

sarva dusṭa duḥsvapna nivāranī caturāśītīnām

사르바 두스타 두흐스바프나 니바라니 차투라시티남

ग्रह सहस्त्रनाम् विध्वंसन करि

graha sahasrānām vidhvamsana karī

그라하 사하스라남 비드흐밤사나 카리

अस्तविंशितिानां नक्सत्रानां प्रसादन करि

astaviṁśatīnām naksatrānām prasādana karī

아스타빔사티남 나크가트라남 프라사다나 카리

208

अस्तानाम् महा ग्रहानां विध्वंसन करी

astānām mahā grahānām vidhvamsana karī

아스타남 마하 그라하남 비드밤사나 카리

सर्व शत्रु निवारनाम् गुराम् दुष्स्वप्नानं च नाशानि

sarva śatru nivāranām gurām duhsvanām ca nāśnī

사르바 사트루 니바라남 구람 두흐스바프나남 차 나사니

विस शास्त्रअग्न उइकरनं परािजतगुरा

visa śastra agni udakaranām aparājitagurā

비사 사스트라 아그니 우다카라남 아파라지타구라

महा प्रचन्दि महा दिप्ता महा तेजाझ महा श्वेत ज्वाला

mahā pracandī mahā dīptā mahā tejāh mahā śveta jvālā

마하 프라찬티 마하 디프타 마하 테자흐 마하 스베타 즈바라

महा बल पान्दर वासिनि आर्या तारा भृकुति

mahā bala pāndara vāsinī āryā tārā bhrkutī

마하 바라 판다라 바시니 아르야 타라 브흐르쿠티

चैव विजया वज्र मालेति विस्रुता पद्यका

caiva vijayā vajra māleti viśrutā padmakā

차이바 비자야 바즈라 마레티 비스루타 파드마카

वज्र जिवना च माला चैव अपराजिता वज्र दन्दि

vajra jivanā ca mālā caiva aparājitā vajra dandi

바즈라 지바나 차 마라 차이바 아파라지타 바즈라 단디

विशाल् च शंता शवितिव पुजिता षौम्य रुपा
माहा श्वेत

viśālā ca śamtā śamtā śavitiva pūjitā saumya rūpā
māhā śveta

비사라 차 삼타 사비티바 푸지타 사움야 루파 마하 스베타

आया तारा महा बला अपर वज्र शंकल चैव

āryā tārā mahā balā apara vajra śamkalā caiva

아르야 타라 마하 바라 아파라 바즈라 삼카라 차이바

वज्र कुमारि कुलन् दारि वज्र हस्त चैव

vajra kumara kulan dare vajra hasta caiva

바즈라 쿠마리 쿠란 다리 바즈라 하스타 차이바

विद्या कान्चन मलिका कुसुंभ रत्ना

vidyā kāñcana mālikā kusumbha ratnā

비드야 칸차나 마리카 쿠숨바 라트나

वैरोचन करिया अठस्निसां विज्रिंभमानि च

vairocana kriyā arthosnīsām vijrmbhamānī ca

바이로차나 크리야 아르토스니삼 비즈름바마니 차

वज्र कनक प्रभा लेचना वज्र तुन्दि च

vajra kanaka prabhā locanā vajra tunedī ca

바즈라 카나카 프라바 로차나 바즈라 툰디 차

स्वेता च कमलक्सा शशि प्रभ इत्यू एत्य मुद्रा गनाः

svetā ca kamalaksā śaśi prabhā ity ete mudrā ganāh

스베타 차 카마락사 사시 프라바 이트예 에테 무드라 가나흐

सर्वे रक्सां कुर्वन्तु इत्तं ममश्य

sarve raksām kurvantu ittam mamaśya

사르베 라크삼 쿠르반투 이땀 마마스야

『능엄주진언 비로진법회』의 한글 해석

지극하신 여래와 아라한(應供)이신 등정각자(等正覺者)에게
귀의합니다.

일체의 제불(諸佛)과 보살들에게 귀의합니다.
칠구지 등정각자와 성문승가에(聖聞僧伽) 귀의합니다.
세상에 있는 아라한에게 귀의합니다.
수다원(修陀洹) 또는 예류(豫流)에게 귀의합니다.
사다함(斯陀含) 또는 일래(一來)에게 귀의합니다.
세상에서 바르게 살아가는 이에게 귀의합니다.
바르게 나아가는 이들에게 귀의합니다.
천신과 성스러운 수행자에게 귀의합니다.
지혜의 수행체계를 터득하여 초능력을 지닌 이들에게 귀의합니다.
지혜의 수행체계를 성취하여 초능력을 지닌 성스러운 수행자들과
모두를 이롭게하는 주문(呪文)에게 귀의합니다.
범천(梵天)인 브라흐마 신에게 귀의합니다.
제석천(帝釋天)인 인드라 신에게 귀의합니다.
제석천인 인드라 신에게 귀의합니다.
성스러우며 세존(世尊)이신 바가반이며 루드라 신과 성스러운 여신
우마파티와 성스러운 세존이신 나라야나에게 귀의합니다.
성스러운 나라야나야 신과 다섯가지의 위대한 무드라(五大印)에게
귀의합니다.

진정으로 귀의합니다.

성스러운 다섯가지의 위대한 무드라에게 귀의합니다.

진정으로 귀의합니다.

성스러운 대흑신인 마하칼라에게 귀의합니다.

세가지 세계 도성을 파괴하고 아디무크타카 신의 묘지에서 사는 마트리 여신에게 귀의합니다.

진정으로 귀의합니다.

세존이신 여래부(如來部)에게 귀의합니다.

연화부(蓮華部)에 귀의합니다.

금강부(金剛部)에 귀의합니다. 보부(寶部)에 귀의합니다.

상부(象部)에 귀의합니다.

용맹한 군사를 격파하는 왕이신 성스러운 여래에게 귀의합니다.

성스러운 무량광(無量光)의 아미타 여래에게 귀의합니다.

아라한이시며 정등각(正等覺)을 이루신 성스러운 아촉여래와 아라한이시며 정등각자에게 귀의합니다.

성스러운 약사유리광왕여래(藥師琉璃光王如來)와 아라한 이신 등정각자에게 귀의합니다.

성스러운 세존이신 개부화왕(開敷華王)과 사라수왕(沙羅樹王)과 아라한이신 등정각자에게 귀의합니다.

성스러운 세존이신 사카무니 여래와 아라한이신 등정각자에게 귀의합니다.

아라한이시며 정등각을 이루신 세존이시며 보화당왕여래(寶花幢王如來)에게 귀의합니다.

이 성스러운 머리를 덮는두건인 여래불정(如來佛頂)과 흰 양산에 귀의합니다.

무적이며 조복시키는 분에게 귀의합니다.

일체의 귀신들을 완전히 조복시키며,

다른 신들의 주문들을 단절시키고,

때 아닌 횡사를 제거할 수 있으며,

모든 중생들의 얽매임을 벗어나게 하며,

모든 좋지 않은 악몽을 없애며,

84000의 나쁜 별의 영향을 소멸시키는 28가지 별의 성진(星辰)들을 청정하게하며,

8가지 대악성(大惡星)을 파멸시키고 일체의 적을 막아주며,

무서운 악몽을 없애주시며,

모든 원적(怨敵)을 차단시켜주며,

무서운 악몽을 없애주며,

독약과 검과 불과 물의 난(難)으로부터 구원시키도다!

불패의 구라 신,

큰힘을 가진 찬다 신,

대화염신(大火焰神),

대천녀(大天女)의 염광신(炎光神),

대력(大力)의 백의여신(白衣女神),

현도천녀신(賢度天女神),

진여신(瞋女神)과 최승여신(最勝女神),

마레티 꽃을 가진 금강모신(金剛母神),

연화에 앉은 여신 금강설여신(金剛舌女神),

꽃다발을 가진 불패의 여신 금강저여신(金剛杵女神),

위대하며 아름다운 신들로부터 공양을 받고 위대한 주술사 모습을 한 태백여신(太白女神),

현도천녀신(賢度天女神),

대력여신(大力女神),

금강소여신(金剛銷女神),

금강동여신(金剛童女神),

여신들의 집단,

금강수여신(金剛手女神),

명주여신(明呪女神),

금만여신(金鬘女神),

황금의 보물을 가진 여신,

모든곳에 비추는 불정여신(佛頂女神),

개구여신(開口女神),

번개와 황금 빛이 나고 연꽃의 눈을 가진 금강취여신(金剛嘴女神),

백련화(白蓮化) 같은 눈을 가진 여신,

빛나는 눈을 가진 월광여신(月光女神) 등과 같이 이러한 무드라 즉 제인(諸印)들을 보이는 제존이시여!

모든 것들에 수호를 베푸소서!

이와 같이 연통하는 이 나에 대하여.

『능엄주진언 비로진법회』 한자어 한글표기

나무살다타소가다야 아라하데삼먁삼붇다야 나무살바붇다
보디사다베뱌
나무삽다남삼먁삼붇다구지남 사시라바가싱가남
나무로계아라하다남
나무소로다반나남 나무새가리다가미남 나무로계삼먁가다남
나무삼먁바라디반나남 나무데바리시남 나무미신다야비디야다라남
나무신다비디야타라리시남
사바나게라하사하마라타남 사바나게라하사하마라타남
나무바라하마니
나무인다라야 나무바가바데 노다라야 오마바디사혜야야
나무바가바데
나라연나야 반자마하무다라 나무새가리다야
나무바가바데마하가라야
디리보라나가라 비다라바나가라야 아디목다가시마샤나바시니
마다리가나 나무새가리다야 나무바가바데다타가다리구라야
나무바두마구라야 나무바절라구라야 나무마니구라야
나무가사구라야
나무바가바데 다리닷라세나 바라하라나라사야 다타가다야
나무바가바데
아미타바야 다타가다야 아라하데삼먁삼붇다야 나무바가바데
아추볘야
다타가다야 아라하데삼먁삼붇다야 나무바가바데
바사사구로볘유리리야
바라바라사야 다타가다야 아라하데삼먁삼붇다야 나무바가바데
삼포스비다사라라사야 다타가다야 아라하데삼먁삼붇다야

나무바가바데
사캬야모나예 다타가다야 아라하데삼먁삼　다야 나무바가바데
라다나구소마
게도라사야 다타가다야 아라하데삼먁삼붇다야데묘
나무새가리다바이마함바가바다 살다타가도오스니삼 시다다바다람
나무아바라지단 바라등이라 살바부다게라하가라니
바라비디야체타니
아가라미리쥬 파리다라야나게리 살바반다나목차나가리
살바도시다 도사바나니바라니 챠도라시디남 가라하사하사라남
비다방사나가리 아스타빙설디남 낙찰다라남
바리사다나가리이스타남
마하게라하남 비다밤사나가리 살바사도로니바라니 거라남
도스바발나난자나샤니 비사샤살다라 아기니 오다가라니
아파라시다구라
마하바라전나 마하데다 마하데사 마하세비다 집벌라 마하바라
반다라바시니 아리야다라 비리구지체바비사야
바절라마례디비슈로다
발답망가 바절라아하바샤 마라체바 바라진다 발절라단디
비샤라마차
선다샤비예바부시다소마로파 마하세미다 아리야다라
마하바라아파라
바절라샹가라제바다타바절라구마리가 구람다리 바절라하사다자
비디야 건자나마이가 구소바가라가라다나 비로자야나구리야
도담야라오스니사 비절탐바마라차 바절라가나가 바라바로차나
바절라 돈니차
세비다차가마라걸차 샤시바라바이데이데 모다라니가나흐
시볘라걸참 구라반도인토나마마나샤

2회
석존응화회 (釋尊應化會)

ॐ ऋषि गन प्रशास्त सतथागतेष्णासं

om rsi gana praśasta satathāgatosnīsam

옴 르시 가나 프라사스타 사 타타가토스니삼

हुं त्रुं जंभन हुं त्रुं स्तंभन मेहन

hūm trūm jambhana hūm trūm stambhana mohana
mathāna

훔 트룸 잠바나 훔 트룸 스탐바나 모하나 마타나

हुं त्रुं पर विद्या सं भक्सन कर

hūm trūm para vidyāsam bhaksana kara

훔 트룸 파라 비드야 삼 바크사나 카라

हुं त्रुं दुस्तानं सं भक्सन कर

hūm trūm dustanam sam bhaksana kara

훔 트룸 두스타남 삼 바크사나 카라

हुं त्रुं र्सव यक्स राक्सस ग्रहानां

hūm trūm sarva yaksa rāksasa grahānām

훔 트룸 사르바 야크사 라크사사 그라하남

विछ्वंसन कर हुं त्रुं चतुरसातिनं

vidhvamasana kara hūm trūm caturaśītīnam

비드밤사나 카라 훔 트룸 차투라시티남

218

ग्रह सहस्रानां विछ्वंसन कर हुं त्रुं

graha sahasrānām vidhvamsana kara hum trūm

그라하 사하스라남 비드밤사나 카라 훔 트룸

अस्त विंसतिनां नक्षत्रानं

asta vimsatinām naksatranam

아스타 빔사티남 나크사트라남

प्ररसदन कर हुं त्रुं रक्स

prasadana kara hūm trūm raksa

프라사다나 카라 훔 트룸 라크사

प्रत्यन्गिरे महा सहस्र बुजे सहस्र शंस

pratyangire mahā sahasra bhuje sahasra śirsa

프라트얀기레 마하 사하스라 부제 사하스라 시르사

बगव् स्तथगते स्नास

bagavan stathagata snisa

바가반 스타타가토 스니사

कोति शत सहस्रर नेत्रे अभेद्यज्वलित ततनक

kotī śata sahasrara netre abhedya jvalita tatanaka

코티 사타 사하스라라 네트르 아베드야 즈발리타 타타나카

महा वज्र दार त्रिभुवन मन्दल

mahā vajra dāra tribhuvana mandala

마하 바즈라 다라 트리부바나 만달라

ॐ स्वस्ति र्भवतु मम इत्तं ममश्य

om svastir bharvatu mama ittam mamaśya

옴 스바스티르 바르바투 마마 이땀 마마스야

『능엄주진언 석존응화회』의 한글 해석

옴 성스러운 수행자들(聖仙衆)에게 찬미되는
여래불정(如來佛頂)이시여!

훔 트룸 파괴자여!
훔 트룸 통제자여!
훔 트룸 다른이의 주문을 삼켜버리는 분이여!
훔 트룸 모든 악한자들을 제어하는 이여!
훔 트룸 모든 야차(夜叉), 나찰(羅刹)귀신들의 재난을
파괴하신 분이여!
훔 트룸 84000의 악마들을 멸하신분이여!

훔 트룸 훔 트룸 보호하소서, 보호하소서!
성스러운 여래불정으로 조복(調伏)시키는 분이시여!
28개의 별들을 관장하는이시여!
훔 트룸 보호해주소서, 보호하소서!
많은 눈을 지닌 여신이여!
불꽃처럼 비추이며 춤추는 여신이여!
대금강저(大金剛杵)를 가진 여신이여!
삼계(三界)의 만다라를 지배하시는 여신이여!
옴 길상(吉祥) 있으소서!

이와 같이 연통하는 이 나에 대하여.

『능엄주진언 석존응화회』의 한자어 한글표기

옴무리시게나 바라샤스다 사다타가도 오스니삼 훔도로움 점바나
훔도로움
싣담바나 훔도로움 파라비디야삼박차라나 훔도로움 살바부사타남
스담바나가라 훔도로움 살바야차 하라차사게라하남 비다방사나가라
훔도로움 쟈도라시디남 게라하사라남 비다방사나가라 훔도로움
아스타비마샤데남 나가사다라남 바라마타나가라 훔도로움
라차라차
박가범 사다타아도오스니사 바라등이리 마하사하사라부아
사하사라시리
구지사다사하살라니다례 아볘디야지바리다나타가 마하바절로타라
데리부바나 만다라 옴사시데 바바도 인토마마

3회
관음합동회(觀音合同會)

राजा भयाः चेर भयाः अग्न भयाः उदक भयाः

rajā bhayāḥ cora bhayāḥagni bhayāḥudaka bhayāḥ

라자 바야흐 초라 바야흐 아그니 바야흐 우다카 바야흐

विस भयाः हस्त्रभयाः पर चक्र भयाः

visa bhayāḥḥ śastra bhayāḥ para cakra bhayāḥ

비사 바야흐 사스트라 바야흐 파라 차크라 바야흐

दुर्भिकस भयाः अशनि भयाः अकाल मृत्यु भयाः

durbhiksa bhayāḥ aśani bhayāḥ akāla mrtyu bhayāḥ

두르비크사 바야흐 아사니 바야흐 아카라 므르트유 바야흐

धरनि भुमिा कंप भयाः उल्का पात भयाः

daranībhūmīkampa bhayāḥ ulkāpāta bhayāḥ

다라니 부미 캄파 바야흐 울카 파타 바야흐

राजा दन्द भयाः नाग भयाः विधुत् भयाः

raja danda bhayāḥnāga bhayāḥ vidyut bhayāḥ

라자 단다 바야흐 나가 바야흐 비드유트 바야흐

सुपर्ना भयाः यक्स ग्रहाः राक्सस ग्रहाः

suparṇā bhayāḥ yaksa grahāḥ rāksasa grahāḥ

수파르나 바야흐 약사 그라하흐 라크사사 그라하흐

प्रेत ग्रहाः पिशाच ग्रहाः भुत ग्रहाः

preta grahāḥ piśāca grahāḥ bhūta grahāḥ

프레타 그라하흐 피사차 그라하흐 부타 그라하흐

कुंभान्द ग्रहाः पुतना ग्रहाः कत पुतना ग्रहाः

kumbhānda grahāḥ pūtanāgrahāḥ kata pūtanā grahāḥ

쿰반다 그라하흐 푸타나 그라하흐 카타 푸타나 그라하흐

स्कन्द ग्रहाः अप स्मार ग्रहाः उन्माद ग्रहाः

skanda grahāḥ apa smāra grahāḥ unmāda grahāḥ

스칸다 그라하흐 아파 스마라 그라하흐 운마다 그라하흐

चाया ग्रहाः हृपाति ग्रहाः जाताहारिनां

chāyā grahāḥ hrpāt grahāḥ jātāhārinām

차야 그라하흐 흐르파트 그라하흐 자타하리남

गर्भा हानिं रुधिरा हारनां माम्साहारिनां

garb hāhārinām rudhirā hārinām māmsāharinam

가르바 하리남 루드히라 하리남 맘사하리남

मेदा हारिनां मज्जा हारना ओजस् हारिन्याः जिविता हरिनां

medā hārinām majjā hārinām ojas hārinyāh jivitā hārinām

메다 하리남 마짜 하리남 오자스 하린야흐 지비타 하리남

वाता वासा हारिनां वान्ता हारिनां अशुच्य हारिन्यः चित्तहारिन्यः

vātāvasā hārinām vāntāhārinām aśucyā hārinyāḥ cittā hārinyāḥ

바타 바사 하리남 반타 하리남 아수츠야 하린야흐 치따 하린야흐

तेसं सर्वेसां सर्व ग्रहानां विद्यां छेद् यामि

tesām sarvesām sarva grahānām vidyām cheda yāmi

테삼 사르베삼 사르바 그라하남 비드얌 체다 야미

किल यामि परि व्रजक क्रतां विद्यां छेद् यामि

kila yāmi pari vrajaka krtām vidyā cheda yāmi

키라 야미 파리 브라자카 크르탐 비드야 체다 야미

किल यामि दाकिनि र्कतं विद्यां छेद् यामि

kila yāmi dākinīkrtām vidyām cheda yāmi

키라 야미 다키니 크르탐 비드얌 체다 야미

224

किल यामि महा पसुपताय रुद्रर्कतां

kila yāmi mahā paśupatāya rudra krtām

키라 야미 마하 파수파타야 루드라 크르탐

विद्यां छेद् यामि किल यामि नारायन र्कतां

vidyām cheda yāmi kīla yāmi nārāyana krtām

비드얌 체다 야미 키라 야미 나라야나 크르탐

विद्यां छेद् यामि किल यामि तत्त्व गरुदेशे र्कतां

vidyām cheda yāmi kīla yāmi tattva garudeśe krtām

비드얌 체다 야미 키라 야미 타트바 가루데세 크르탐

विद्यां छेद् यामि किल यामि महा काल

vidyām cheda yāmi kīla yāmi mahākāla

비드얌 체다 야미 키라 야미 마하 카라

मातृ गन र्कतं विद्यां छेद् यामि काल यामि

mātr gana krtām vidyām cheda yāmi kīla yāmi

마트르 가나 크르탐 비드얌 체다 야미 키라 야미

कापालिक र्कतं विद्यां छेद् यामि किल यामि

kāpālika krtām vidyām cheda yāmi kīla yāmi

카파리카 크르탐 비드얌 체다 야미 키라 야미

जय कर मदु कर सर्वर्थ साधहन र्कतां

jaya kara madhu kara sarvartha sādhana krtām

자야 카라 마두 카라 사르바르타 사다나 크르탐

विद्यां छेद् यामि किल यामि चतुं भगिनि र्कतां

vidyām cheda yāmi kīla yāmi catur bhāgini krtām

비드얌 체다 야미 키라 야미 차투르 바기니 크르탐

विद्यां छेद् यामि किल यामि भंनगि रिति

vidyām cheda yāmi kīla yāmi bhrngi riti

비드얌 체다 야미 키라 야미 브른기 리티

नन्दकेश्वर गन पति सहेय र्कतां

nadakeśvara gana pati saheya krtām

나다케스바라 가나 파티 사헤야 크르탐

विद्यां छेद् यामि किल यामि

vidyām cheda yāmi kīla yāmi

비드얌 체다 야미 키라 야미

ब्रह्म र्कतां रुद्र र्कतां नग नरयान र्कतां विद्यां छेद् यामि

brahma krtām rudra krtām naryāna krtām vidyām
cheda yāmi

브라흐마 크르탐 루드라 크르탐 나라야나 크르탐 비드얌 체다 야미

226

किल यामि अरहत् र्कतां विद्यां छेद यामि

kīla yāmi arhat krtām vidyām cheda yāmi

키라 야미 아르하트 크르탐 비드얌 체다 야미

किल यामि वित राग र्कतां विद्यां छेद यामि

kīla yāmi vīta rāga krtām vidyām cheda yāmi

키라 야미 비타 라가 크르탐 비드얌 체다 야미

किल यामि वज्र पानि वज्र पानि गुह्य गुह्य

kīla yāmi vajra pāni vajra pāni guhya guhya

키라 야미 바즈라 파니 바즈라 파니 구흐야 구흐야

खदि पति र्कतां विद्यां छेद यामि

kadhi pati krtām vidyām cheda yāmi

카디 파티 크르탐 비드얌 체다 야미

किल यामि रक्सामं भगव् इत्तम् ममश्य

kīla yāmi raksamām bhagavan ittam mamaśya

키라 야미 라크사맘 바가반 이탐 마마스야

『능엄주진언 관음합동회』의 한글 해석

왕의 위난(危難), 도적의 재난, 불의 재난, 물의 재앙,
독(毒)의 재난, 무기의 위난, 적군의 재난, 기아의 재앙,
벼락의 재난, 때 아닌 죽음의 재난, 땅의 재난,
유성이 떨어지는 재난, 왕의 형벌난, 뱀의 재난,
뇌전(雷電)의 재난, 독수리의 재난,
야차귀(夜叉鬼)의 재난, 나찰귀의 재난, 아귀(餓鬼)의 재난,
사육귀의 재난, 정령귀(精靈鬼)의 재난,
수궁부녀귀(守宮婦女鬼)의 재난, 사귀마(邪鬼魔)의 재난,
병마의 재난, 소아병마(小兒病魔)의 재난,
빙의(憑依)의 재난, 광기의 재난, 영귀(影鬼)의 재난,
여귀(女鬼)의 재난, 생아(生兒)를 먹는 귀신, 태아를 먹는 귀신,
피를 먹는 귀신, 살을 먹는 귀신, 지방을 먹는 귀신,
골수를 먹는 귀신, 정기(精氣)를 빨아먹는 귀신,
목숨을 잡아먹는 귀신, 숨을 먹는 귀신, 토한 것을 먹는 귀신,
더러운 것을 먹는 귀신, 마음을 먹는 귀신,
이 모든 재난을 일으키는 귀신들의 주문을 끊어버리겠노라!

묶어 버리겠노라!
외도(外道)들이 행한 주문을 묶어 버리겠노라!
묶어 버리겠노라!
다키니 여신이 행한 주문을 끊어버리겠노라!
묶어버리겠노라!
대수주(大獸主) 루드라 신이 행한 주문을 끊어버리겠노라!
묶어버리겠노라!
나라야나 신이 행한 주문을 끊어버리겠노라!

묶어버리겠노라!

가루다 새가 행한 주문을 끊어버리겠노라!

묶어버리겠노라!

마하칼라(大黑天神)와 그의 신비(神妃)들이 행한 주문을 끊어버리겠노라!

묶어버리겠노라! 카팔리카 족들이 행한 주문을 끊어버리겠노라!

묶어버리겠노라!

승리한 이, 꿀을 만드는 이, 일체의 이득을 성취하고자 하는 이가 행한 주문을 끊어버리겠노라!

묶어버리겠노라! 사자매여신(四姉妹女神)이 행한 주문을 끊어버리겠노라!

묶어버리겠노라! 투전외도(鬪戰外道 브링기리티)와 환희왕(歡喜王)과 그들의 수령(가나파티) 과 그들의 권속들이 행한 주문을 끊어버리겠노라!

묶어버리겠노라!

나체 수행자들이 행한 주문을 끊어버리겠노라!

묶어버리겠노라!

아라한들의 권속들이 행한 주문을 끊어버리겠노라!

묶어버리겠노라!

욕망을 버린이 들이 행한 주문을 끊어버리겠노라! 묶어버리겠노라!

금강수신(金剛手神) 금강수의 밀적천(密跡天)의 주(主)가 행한 주문을 끊어버리겠노라!

묶어버리겠노라!

나를 보호하소서! 나를 보호하소서! 세존이시여!

이와 같이 연통하는 이 나에 대하여.

『능엄주진언 관음합동회』의 한자어 한글표기

라사바야 주라바야 아기니바야 오다가바야 베사바야 샤사다라바야
파라작가라바야 돌릴차바야 아샤니바야 아가라미릴쥬바야
아다라미부미검바 가파다바야 오라라가파다바야 라사단다바야
나가바야 비디유바야 소파릴니바야 야차게바라하 라차사게라하
피리다게라하
비샤자게라하 부다게라하 구반다게라하 부단나게라하
가타부단나게라하 새건다게라하 아파사마라게라하 오단마다게라하
차야게라하 려바디게라하
사디하리니 게라바하리니 로디라하리니 망사하리니 게다하리니
마사하리니 사다하리니 시베다하리니 바다하리니
바다하리남아슈차하리니
짇다하리니 대삼살비삼 살바게라하남 비디야 친다야미 기라야미
파리바라작가라 그리담비디야 친다야미 기라야미 다기니
그리담비디야
친다야미기라야미 마하바슈바디야 로다라 그리담비디야
친다야미기라야미
나라야나야 그리담비디야 친다야미기라야미 다타바가로다
그리담비디야
친다야미기라야미 마하가라 마다라가나그리담비디야
친다야미기라야미
가파리가 그리담비디야 친다야미기라야미 사야가라 마도가라
살바라다사다니

230

그리담비디야 친다야미기리야미 자도릴바기니 그리담비디야
친다야미
기라야미 빙의리지 난니계슈바라 가나바디 사헤야 그리담비디야
친다야미 기라야미 나연나시라바나 그리담비디야 친다야미
기라야미 아라하다 그리담비디야 친다야미 기라야미 미다라가
그리담비디야 친다야미 기라야미 발절라파니 발절라파니
구혜야 가디바디 그리담비디야 친다야미 기라야미 라차라차망
박가범 인토나마마나샤

4회
강장절섭회(剛藏折攝會)

भगवान् तथागतोष्निष सिततपत्र नमे स्तुते
bagavan tathāgatosnisa sitatapatra naom stute
바가반 타타가토스니사 시타타파트라 나모 스투테

असित नर्ल्क प्रभा स्फुत
asita nalarka prabhā sphuta
아시타 나라르카 프라바 스푸타

विका सिततपत्रे ज्वल ज्वल धक धक विधक
विधक दल दल
vikā sitatapatre jvala jvala dhaka dhaka vidhaka vidhaka
dala dala
비카 시타타파트레 즈바라 즈바라 다카 다카 비다카 비다카
다라 다라

विदल विदल छेद छेद हूं हूं फत्
vidala vidala cheda cheda hūm hūm phat
비다라 비다라 체다 체다 훔 훔 파트

फट् फट् फट् फट् स्वाहा हेहे फट्अमेगाय फट्

phat phat phat phat svāhā hehe phat amoghāya phat

파트 파트 파트 파트 스바하 헤헤 파트 아모가야 파트

अप्रतिहता फट् वर प्रदा फट् असुर विद्र
वका फट्

apratihatā phat vara pradāphat asura vidra vakā phat

아프라티하타 파트 바라 프라다 파트 아수라 비드라 바카 파트

र्सव देव्यैः फट् र्सव नागेव्यः फट् र्सव यक्सेव्यः फट्

sarva dehevebhyaḥ phat sarva nāgebhyaḥ phat sarva
yaksebhyaḥ phat

사르바 데베브야흐 파트 사르바 나게브야흐 파트 사르바
야크세브야흐 파트

र्सव गन्धर्वेव्यः फद् र्सव असुरेब्यः फद् कत
असुरेब्यः फट्

sarva gandharvebhyaḥ phat sarva asurebya phat kata
asurebya phat

사르바 간다르베브야흐 파트 사르바 아수레브야 파트 카타
아수레브야 파트

सर्व गरुदेव्यः फत् सर्व किन्नरेव्यः फत् सर्व
महेरगेव्यः फत्

sarva garudebyaḥ phat sarva kinrebyaḥ phat sarva
mahoragebyaḥ phat

사르바 가루데브야흐 파트 사르바 킨라레브야흐 파트 사르바
마호라게브야흐 파트

सर्व ऋक्षेव्यः फत् सर्व मनुषेव्यः फत् सर्व
अमनुषेव्यः फत्

sarva rksebyaḥ phat sarva manusebyaḥ phat sarva
amanusebyaḥ phat

사르바 라크세브야흐 파트 사르바 마누세브야흐 파트 사르바
아마누세브야흐 파트

सर्व भुातेव्यः फत् सर्व पिशाचेव्यः फत् सर्व
कम्भाडः भ्यः फत्

sarva bhūtebyaḥ phat sarva piśācebhyaḥphat sarva
kumbhaṇḍ bhyaḥ phat

사르바 부테브야흐 파트 사르바 피사체브야흐 파트 사르바
쿰반데 브야흐 파트

सर्व दुलङ्घहितेव्य फत् सर्व दुस्प्रकसितेव्यः फत्

sarva dulanghitebhyaḥ phat sarva dusprek sitebhyaḥ phat

사르바 두르랑기테브야흐 파트 사르바 두스프레크 시테브야흐 파트

234

सर्व ज्वरे भ्यः फत् सर्व अपस्मारेभ्यः फत्

sarva jvare bhyaḥ phat sarva apasmārebhyaḥ phat

사르바 즈바레 브야흐 파트 사르바 아파스마레브야흐 파트

सर्व स्रवनेब्यः फत् सर्व तीर्थिकेभयः फत्

sarva śravanebhyaḥ phat sarva tīrthikebhaḥ phat

사르바 스라바네브야흐 파트 사르바 티르티케브야흐 파트

सर्व उन्मत्तकेब्यः फत् सर्व विद्याराजचार्ये भयः फत्

sarva unmattakebhyaḥ phat sarva vidyārājacārye
bhyaḥ phat

사르바 운마따케브야흐 파트 사르바 비드야라자차르예
브야흐 파트

जय कर मधु कर सर्वच सधकेभ्यः फत्

jaya kara madhu kara sarvartha sadhakebhyaḥ phat

자야 카라 마두 카라 사르바르타 사다케브야흐 파트

विद्यचार्येब्यः फत् चर्तु भगिनिभ्यः फत्

vidyacāryebhyaḥphat catur bhaginibhyaḥphat

비드야차르예브야흐 파트 차투르 바기니브야흐 파트

वज्र कुमारिव्यः फत् वज्र कुरन्दरिव्यः फत्

vajra kumāribhyaḥ phat vajra kurandaribhyaḥ phat

바즈라 쿠마리브야흐 파트 바즈라 쿠란다리브야흐 파트

विद्या राजेब्यः फत् महा प्रत्यन्ग्गिरेभ्यः फत्

vidyārājebhyaḥphat mahāpratyanggirebhyaḥphat

비드야 라제브야흐 파트 마하 프라트얀기레브야흐 파트

वज्र शंकलाय फत् प्रत्यन्गिर राजाय फत्

vajra śamkalāya phat pratyangira rājāya phat

바즈라 삼카라야 파트 프라트얀기라 라자야 파트

महा कालाय महा मातृ गन नमस् कृताय फत्

mahākālāya mahāmātr gana namas krtāya phat

마하 칼라야 마하 마트르 가나 나마스 크르타야 파트

इन्द्राय फत् विष्णुवियि फत् वरकिये फत्

indrāya phat visnuvīye phat varakiye phat

인드라야 파트 비스누비예 파트 바라키예 파트

विष्णुविये फत् ब्रह्मानिये फत् वरकिये फत् अगानाये फत्

visnuvīye phat brahmānīye phat varakiye phat agnīye phat

비스누비예 파트 브라흐마니예 파트 바라키예 파트 아그니예
파트

महा कालाय फत् काल दन्दाय फद् इन्द्राय फत्

mahā kālāya phat kāla dandāya phat indraya phat

마하 칼라야 파트 칼라 단다야 파트 인드라야 파트

चामुन्दाये फत् रौघ्र फत् कलरात्रिये फत्

cāmundāye phat raudrye phat kalarātrīye phat

차문다예 파트 라우드리예 파트 칼라라트리예 파트

कापालिये फत् अधि मुक्तिताक स्मासान वासिनिये फत्

kāpāliye phat ādhi muktitāka smasāna vāsinīye phat

카파리예 파트 아디 무크티타카 스마사나 바시니예 파트

येकेचिछ सत्त्वाहस्य मम इत्तं ममस्य

yekecid sattvāhsya mama ittam mamaśya

예케치드 사뜨바흐스예 마마 이땀 마마스야

『능엄주진언 관음합동회』의 한글 해석

성스러운 여래불정(如來佛頂)이시여,
흰 양산 아래에 계신 그대를 경배하며 귀의합니다.
흰 불빛과 같이 빛나는 활짝핀 흰 양상아래 계신 여신이시여,
빛나는 빛나는 부숴지는 부숴지는 파열되는 파열되는 절단되는
절단되는 즈발라 즈발라 다라 다라 비드라 비드라 친다 친다 훔
훔 파 파 파 파트 파트 스바하 기원합니다!

헤 헤 파트, 불공자(不空者)의 주문,
무애자(無碍者)의 주문, 은혜를 베푸는 이의 주문,
아수라(惡魔)를 물리치는 자의 주문, 일체 천신들의 주문,
일체 용신(龍神)들의 주문, 일체 야차신들의 주문,
일체 음악신들의 주문, 일체 아수라들의 주문,
아수라들의 주문, 일체 금시조(金翅鳥)들의 주문,
일체 긴나라 신들의 주문,
일체 마후라카 신들의 주문, 일체 나찰신(羅刹神)들의 주문,
일체 인간들의 주문, 일체 비인간(非人間)들의 주문,
일체 요귀들의 주문, 일체 악귀들의 주문,
재난을 지나가게하는 일체 신들의 주문,
재난을 일으키는 일체 신들의 주문, 일체 열병귀들의 주문,
일체 양두여고귀(洋頭女孤鬼)들의 주문, 일체 성문들의 주문,
일체 외도사(外道士)들의 주문, 일체 광란귀(狂亂鬼)들의 주문,
일체 명주(明呪)를 지닌 이들의 주문,
승리한 이 꿀을 만드는 이들,
모든 이익을 성취하고자 하는 이들의 주문,

명주를 행하는 이들의 주문,
사자매여신(四姉妹女神)들의 주문,
금강동여신(金剛童女神)들의 주문, 그 시녀들의 주문,
명주여왕신(明呪女王神)의 주문, 대조복자의 주문,
금강쇄(金剛鎖)의 주문, 조복왕(調伏王)의 주문,
대흑천신의 주문, 그의 대신비(大神妃)들의 주문,
정례 귀의하는 이들의 주문, 비쉬누 신들의 주문,
브라흐마 신들의 주문, 불의 신의 주문,
대흑색녀신들의 주문, 죽음의 신의 주문,
인드라 신의 주문, 차문다 신의 주문,
루드라 신의 주문, 밤의 신의 주문,
해골을 가진 신의 주문,
아디무크타 묘지에 살고 있는 여신들의 주문,

이들의 어떠한 주문이라도 파괴시킬수 있는 나를 위하여
보호해주소서!

『능엄주진언 관음합동회』의 한자어 한글표기

박가범살다타게도오스니사 시다다바다라 나무수도데
아시다나라라가 바라바비살보타 비가시다다 바디리
지바라지바라
다라다라 빈다라빈다라 친다친다 훔훔 반반반
반타반타 사바하
혜혜반 아무가야반 아바라디하다반 바라바라다반
아소라비다라바가반 살바뎨뼤뱌반 살바나나가뱌반
살바야차뱌반
살바건달바뱌반 살바아소라뱌반 살바게로다뱌반
살바긴나라뱌반
살바마호라가뱌반 살바라찰사뱌반 살바마노쇄뱌반
살바아마노쇄뱌반
살바부단나뱌반 살바가타부단나뱌반 살바도란기뎨뱌반
살바도스타피리그시뎨뱌반 살바지바리뱌반
살바아파살마리뱌반
살바사라바나뱌반 살바디리티계뱌반 살븓다바뎨뱌반
살바비디야라서차리뱌반
사야가라마도가라 살바라타사다계뱌반 비디야차리예뱌반
쟈도라남바기니뱌반

240

바절라구마리가뱌반 바절라구람다리뱌반 비디야라사뱌반
마하바라등기리뱌반 바절라샹가라야반 바라등기라라사야반
마하가라야반
마하마다리가나야반 나무색가리다야반 비시나비예반
 바라훔마니예반
아기니예반 마하가리예반 가라단특예반 예니리예반 차문디예반
로다리예반 가라다리예반 가파리예반
아디목지다가시마나샤나바시니예반
예계쟈나살다살다바

5회
문수홍전회(文殊弘傳會)

पाप चित्ताः दुष्ट चित्ताः रौद्रचित्ताः पाप
चित्ताः विद्वेश चित्ताः अमैत्र चित्ताः उत्पाद्
यन्ति किल यन्ति मन्त्रयन्ति जपन्ति जेहन्ति
अेजाहारः गाभाहारः

papa cittāḥ duṣṭa cittāḥraudra cittāḥ papa cittāḥ vidveaśa
cittāḥ amaitra cittāḥ utpāda yanti kīla yanti mantra yanti
japanti johanti ojāharah garbhāhāraḥ

파파 치타흐 두스타 치타흐 라우드라 파파 치타흐 비드베사
치타흐 아마이트라 치타흐 우트파다 얀티 킬라 얀티 만트라
얀티 자판티 조한티 오자하라흐 가르바하라흐

रूधिराहारः मेदहारः मांसाहारः मज्जाहारः जाताहारः

rūdhirāhāraḥ medahāraḥ māmsāhāraḥ majjāraḥ
jātāhāraḥ

루디라하라흐 메다하라흐 맘사하라흐 마짜하라흐 자타하라흐

जिावताहारः बल्या हारः गन्धाहारः पुस्पाहारः

jīvitāhāraḥ balyā hāraḥ gandhāhāraḥ puspāhāraḥ

지비타하라흐 발야 하라흐 간다하라흐 푸스파하라흐

फलाहारः सश्याहाराः पाप चित्ताः दुस्त चित्ताः

phalāhāraḥ saśyāhāraḥ pāpa cittāḥ dusta cittāḥ

팔라하라흐 사스야하라흐 파파 치타흐 두스타 치따흐

रउद्रचित्तहाः देव ग्रहामः नाग ग्रहाः यक्ष ग्रहाः
राक्षस ग्रहाः आसुर ग्रहाः गरुड ग्रहाः
किन्दर ग्रहाः महोर ग्रहाः
रउद्रचित्तहाः देव ग्रहामः नाग ग्रहाः यक्ष ग्रहाः
राक्षस ग्रहाः आसुर ग्रहाः गरुड ग्रहाः
किन्दर ग्रहाः महोर ग्रहाः

raudra cittāḥdeva grahāḥnāga grahāḥyaksa grahāḥ
rāksasa grahāḥ asura grahāḥ garuda grahāḥ
kindara grahāḥ mahora grahāḥ

라우드라 치따흐 데바 그라하흐 나가 그라하흐 야크사 그라하흐
라크사사 그라하흐 아수라 그라하흐 가루다 그라하흐
킨다라 그라하흐 마호라 그라하흐

प्रेत ग्रहाः पिसच ग्रहाः भुत ग्रहाः

preta grahāḥ piśaca grahāḥ bhūta grahāḥ

프레타 그라하흐 피사차 그라하흐 부타 그라하흐

कुंभन्द ग्रहाः स्कन्द ग्रहाः उन्माद ग्रहाः

kumbhanda grahāḥ skanda grahāḥ unmāda grahāḥ

쿰반다 그라하흐 스칸다 그라하흐 운마다 그라하흐

छाया ग्रहाः अप स्मार ग्रहाः दाक दाीकिनि ग्रहाः

chāyā grahāḥ apa smāra grahāḥ dāka dākinī grahāḥ

차야 그라하흐 아파 스마라 그라하흐 다카 다키니 그라하흐

रेवती ग्रहाः जमिक ग्रहाः सकुनि ग्रहाः

revatī grahāḥ jamika grahāḥ śakuni grahāḥ

레바티 그라하흐 자미카 그라하흐 사쿠니 그라하흐

मन्त्रनन्दिक ग्रहाः आलम्बा ग्रहाः हनु कन्यपानि ग्रहाः

mantra nandika grahāḥ ālambā grahāḥ hanu
kanthapāni grahāḥ

만트라 난디카 그라하흐 아람바 그라하흐 하누
칸타파니 그라하흐

ज्वरा एक हिक्का द्वइती यका त्रइतियका
चातुंयका ज्वरा

jvarā eka hikkā dvaitī yakā traitī yakā
cāturthakā jvarā

즈바라 에카 히까 드바이티 야카 트라이티 야카
차투르타카 즈바라

नित्य ज्वरा विसम ज्वर वातिका पइत्तिका

nitya jvarā visama jvarā vātika paittikā

니트야 즈바라 비사마 즈바라 바티카 파이띠카

श्लेस्मिका सं निपातिका र्सव ज्वरा शिरोर्ति

ślesmika sam nipātikā sarva jvarā śirorti

스레스미카 삼 니파티카 사르바 즈바라 시로르티

अर्ध अव बाधका अक्षि रेगः मूक रेगः मुख
रेगः : रेगः ह्रद रेगः

ardha ava bādhaka aksī rogaḥ mukha rogaḥ
hṛda rogaḥ

아르다 아바 바다카 악시 로가흐 무카 로가흐
흐르다 로가흐

गल शूलं कर्न शूलं

gala śūlam karna śūlam

갈라 수람 카르나 수람

दन्त शूलं हृदय शूलं

danta śūlam hrdaya śūlam

단타 수람 흐르다야 수람

मर्म शूलं पार्श्व शूलं प्स्च शूलं

marma śūlam pārśva śūlam prstha śūlam

마르마 수람 파르스바 수람 프르스타 수람

उदर शूलं कति शूलं वस्ति शूलं

udara śūlam kati śūlam vasti śūlam

우다라 수람 카티 수람 바스티 수람

उरु शूल जङ्घ शूलं हस्त शूलं
पद शूलं

ūru śūlam janghā śūlam hasta śūlam pada śūlam

우루 수람 장가 수람 하스타 수람 파다 수람

संवङ्ग प्रत्यङ्गसुलं भुत वेताद

sarvanga pratyanga śūlam bhūta vetāda

사르방가 프라트양가 수람 부타 베타다

दाकिनि जिवल दर्दु कन्दु कितिभ लुत

dākinī jīvala daduru kandu kitibha luta

다키니 지바라 다두루 칸두 키티바 루타

वैर्सपा लेह लिङ्गः सुास त्रसान कर
विस यक

vaisarpāloha lingah śūsa trāsana kara
visa yaka

바이사르파 로하 링가흐 수사 트라사나 카라 비사 야카

अग्र उदक मारा विर कान्तार

agni udaka māra vīra kāntāra

아그니 우다카 마라 비라 칸타라

अकाल मृत्यु त्रयंबुक त्रैलात व्स्चिक

akāla mrtyu tryambuka trailāta vrścika

아카라 므르트유 트르얌부카 트라이라타 브르치카

सर्प नाकुल सिंह व्याग्घर्क्स तरक्स चमर

sarpa nakula simha vyāghrarksa taraksa camara

사르파 나쿠라 심하 브야그르라르크사 트라크사 차마라

जीवस् तेसां सर्वेसां सिततपत्रा

jīvas tesām sarvesām sitatapatrā

지바스 테삼 사르베삼 시타타파트라

महा वज्रे ल्नासां महा प्रत्यङ्गिरां

mahā vajro snīsām mahā pratyangirām

마하 바즈로 스니삼 마하 프라트양기람

यावत् द्वा दाश येजन भ्यन्तरेन विद्या बन्धं करेमि

yāvat dvā daśa yojana bhyantarena vidyā bandham karomi

야바트 드바 다사 요자나 브얀타레나 비드야 반담 카로미

सिंसा बन्धं करेमि दिश बन्धं करेमि पर विद्या बन्धं करेमि

sīmābandham diśa bandham karomi para vidyā
bandham karomi

심사 반담 디사 반담 카로미 파라 비드야 반담 카로미

तेजे बन्धं करेमि हस्त बन्धं करेमि पद् बन्धं करेमि संवङ्ग बन्धं करेमि तद्यथा ॐ अनले विशदे विार वज्र धरे

tejo bandham karomi hasta bandham karomi pada bandham karomi

sarvānga pratyunga bandham karomi tadyathāom anale viśade vīra vajra dhare

테조 반담 카로미 하스타 반담 카로미 파다 반담 카로미 사르방가 프라트융가 타드야타 옴 아나레 비사데 비라 바즈라 다레

बन्ध बन्धनि वज्र पनि फत् हुं हुं फत् स्वाहा

bandha bandhani vajrā pani phat hūm trūm phat svāhā

반다 반다니 바즈라 파니 파트 훔 트룸 파트 스바하

नमे सतथागताय सुगताय अर्हते संख्र संपुस्पिाता सिद्धयंतु मन्त्रपद् स्वाहा

namo satathāgatāya sugatāya arhate samyak sambuddhāya siddhyamtu mantrapada svāhā

나모 사타타가타야 수가타야 아르하테 삼약 삼부따야 시뜨얌투 만트라파다 스바하

『능엄주진언 문수홍전회』의 한글 해석

죄악과 악한 마음을 가진 귀신,

흉폭한 마음이 있는 귀신,

생기를 먹는 귀신, 태아를 먹는 귀신,

피를 먹는 귀신, 고기를 먹는 귀신,

뼈를 먹는 귀신, 아이를 먹는 귀신,

수명을 먹는 귀신, 공물(供物)을 먹는 귀신,

향기를 먹는 귀신, 꽃을 먹는 귀신,

과일을 먹는 귀신, 곡물을 먹는 귀신,

죄악심, 악심, 포악한 마음이 있는 이들,

분노 등이 있는 야차귀신들의 재난, 나찰귀들의 재난,

아귀의 재난, 죽은고기를 먹는 귀신의 재난,

정령귀신들의 재난, 수궁부녀귀의 재난,

소아병아귀의 재난, 광병마(狂病魔)의 재난,

영귀(影鬼)들의 재난, 양두여고귀(羊頭女孤鬼)의 재난,

압고여귀(壓蠱女鬼)의 재난, 여매(女魅)의 재난,

독수리 모양의 귀신의 재난, 말 모양의 귀신의 재난,

주희귀(呪喜鬼)의 재난, 뱀 모양의 귀신의 재난,

닭 모양의 귀신의 재난,

열의 학질귀신의 하루 발열, 이틀째 발열, 사흘째 발열,

나흘째 발열, 계속되는 학질열, 의식불명의 높은 발열,

풍병(風病), 황달병, 염창병, 이질병,

모든 열병, 두통, 편두통, 눈병, 입병, 그런 질병,

인후병, 귀의 통증, 이빨의 통증, 심장의 통증,

관절의 통증, 뼈의 통증, 척추의 통증, 배의 통증,

요통, 방광의 통증, 대퇴부의 통증,

다리의 통증, 손의 통증, 발의 통증, 각관절의 통증,

정령귀, 기시귀(起屍鬼), 압고여귀에 의한, 발열,

피부발진, 거미나 곤충에 의한 계속퍼지는 염증,

음식독에 의한병,

독이 있는,

불의 신, 물의 신, 용맹스런 짐승모습의 신,

불시에 죽음을 가져오는,

벌, 말, 말벌, 전갈, 뱀, 족제비, 사자, 호랑이, 늑대, 곰, 야크 소 등,

일체의 재난들을 일체의 재난들을,

하얀 양산아래에 대금강의 불정(佛頂)으로서 크게 조복시키고

물리친다.

12유순(由旬) 안에 내면으로 행한 그 주문을 나는 묶어 놓을

것이다!

빛나는 광희로서 그것을 나는 묶어놓을 것이다!

다른이의 명주들을 나는 묶어 놓을 것이다!

그러므로 이와 같이 염송 할지니라!

옴 아나레 비사다 비라 바즈라 아리반타 비다니!

옴 광명,

광취이신 용감한 금강저(金剛杵)로서 적들을 묶어놓고 분리시켜

주소서!

금강수(金剛手)의 주문으로써 훔 트룸 스바하!

존경하는 주문으로 적들을 파패(破敗)시켜주소서!

옴 비루다카 스바하!

방해하는 이들을 물리쳐 주소서!

『능엄주진언 문수홍전회』의 한자어 한글표기

도시다진다 로지라진다 오사하라 가바하라 로디라하라 망사하라
마두하라
두다하라 시비다하라 바랴야하라 간다하라 포시파하라 파라하라
사샤하라
파파진다도시다진다 로다라진다 다라진다야차가라하
라찰사가라하남
폐례다가라하비샤차가라하 부다가라하 구반다가라하 색간타가라하
오다마타가라하 차야가라하 아파사마라가라하 타가다기니가라하
리파디가라하 사미가가라하 사구니가라하 만다라난디가가라하
아람바가라하 하노간도파니가라하 지바라예가혜가덕폐디가
데리데야가절돌리타가 니디야시바라 비사마지바라 바디가배디가
시례시미가 사니파디가 살바지바라 시로가라디 아라다바데
아기사로검
목거로검 가리도로검 갈라하슈람 갈나슈람 단다슈람 히나타야슈람
말마슈람
파라시바슈람 배리시다슈람 오타라슈람 전지슈람 바시데슈람
오로슈람
샹가슈람 하살다슈람 파다슈람 알가바라등슈람 부다베달다 다기니
지바라도로건뉴 기디바로다 비살라파로하링가
슈사다라사나가라비사유가
아기니오다가마라볘라건다라 아가라미리주
다려부가디리라타비시진가

252

살라바 나구라 싱가 야가라 달기차 다라걸차말라시바뎨삼
살비삼살비삼
시다다발다라 마하바절로 스니삼마하바라등기람 아바다다샤유사나
변다례나비디야반타가로미 뎨슈반타가로미 파라비디야반타가로미
다디타
옴 아나레비샤뎨 비라 바절라 아리반타 비타니 바절라파니반 훔
도로움
사바하 옴 비로뎨 사바하

2. 불정존승진언(佛頂尊勝眞言)

उष्णीष विजय धारणि

Uṣṇisa Vijaya Dhārani

우스니사야 비자야 다라니

불정존승진언(佛頂尊勝眞言)

우스니사야(Uṣṇisa)는 부처님 머리의 꼭대기인 정수리인 불정(佛)頂)
을 말하며 비자야(Vijaya)는 승리하다는 뜻이며 다라니(Dhārani)는
진언을 의미한다.

이 불정존승진언은 태장계 만다라의 석가원에 있는 5불정(五佛頂)의
하나이다. 부처님의 정수리로부터 드러나는 찬란한 광휘를 숭배하는
것이다.

존승불정(尊勝佛頂)의 내면적인 증명과 공덕을 설함으로서 모든
재앙을 막아내고 장수를 주는 87구의 다라니이다.

『불정존승진언』 산스크리트 본문과 음가

नमे भगवते त्रैलोक्य प्रतिविशिषिताय बुद्धाय भगवते ।

Namo Bhagavate Trailokya Prtiviśistāya Buddāya
Bhagavate /

나모 바가바테 트라일로캬 프라티비시쉬타야 부따야 바가바테 |

तद्यथा ॐ विशुद्धय विशुद्धय असम सम

Tadyathā OM Viśudaya Viśudaya Asama Sama

타드야타 옴 비수따야 비수따야 아사마 사마

समन्तावभा स स्फरण गति गहन स्वभाव विशुद्धे

Samntavābhā Sa Spharana Gati Gahana Svabhāva Viśuddhe

사만타바바 사 스파라나 가티 가하나 스바바바 비수떼

आभिषिञ्चतु माम् ।

Abhinṣiñcatu Mām /

아비쉰차투 맘 |

सुगते वर वचन अमृत अभिषेकै महा मन्त्रपदै ।

Sugate Vara Vacana Amṛta Abhiṣekai Mahā Mantra Padai /

수가테 바라 바차나 암리타 아비셰카이 마하 만트라 파다이 |

आहर आहर आयुः सं धारणि ।

Āhara Āhara ĀyuḥSam Dharāṇi /

아하라 아하라 아유흐 삼 다라니 |

शोधय शोधय गगन विशुद्धे ।

Śodhaya Śodhaya Gagana Viśuddhe

소다야 소다야 가가나 비수떼

उष्णीष विजय विशुद्धे सहस्र रश्मि संचोदिते ।

Uṣṇīṣa Vijaya Viśuddhe Sahasrara Raśmi Sam Codite /

우쉬니야 비자야 비수떼 사하스라 라스미 삼초디테 |

सर्वतथागत अवलोकनिषट्-पारमिता-परिपूरणि ।

Sarva Tathāgata Avalokani Ṣaṭ-Pāramitā Paripūraṇi /

사르바 타타가타 아발로카니 사트-파라미타-파리푸라니 |

सर्व तथागत मति दश भूमि प्रति ष्ठिते ।

Sarva Tathāgata Mati Daśa Bhumi Prati Ṣṭhite /

사르바 타타가타 마티 다사 부미 프라티 쉬티테 |

सर्व तथागत् हृदय अधिष्ठानाधिष्ठित महा-मुद्रे ।

Sarva Tathāgata Hṛdaya Adhiṣṭhānadhisthita Maha Mudre /

사르바 타타가타 흐리다야 아디쉬타나디쉬티타 마하-무드레 |

विज्र काय सं-हतन विशुद्धे ।

Vajra Kāya Sam Hatana Viṣuddhe /

바즈라 카야 삼하타나 비수떼 |

सर्वावरण अपाय-दुर्गति परि विशुद्धे

Sarvāvaraṇa Apāya Durgati Pari Viśuddhe

사르바바르나 아파야-두르가티 파리 비수떼

प्रति-निवर्तय आयुः शुद्धे ।

Prati Nivartaya Āyuḥ Śuddhe /

프라티-니바르타야 아유흐 수떼 |

समय अधिष्ठिते ।

Samaya Adhiṭhite /

삼마야 아디쉬티테 |

मणि मणि महा मणि ।

Maṇi Maṇi MahāMaṇi /

마니 마니 마하 마니 |

तथता भूतकोटि पारिशुद्धे ।

TathatāBhūtakoti Pariśuddhe /

타타타 부타코티 파리수떼 |

विस्फट बुद्धिशुद्धे ।

Visphuṭa Buddhi Śuddhe /

비스푸타 부띠 수떼ㅣ

जय जय विजय विजय ।

Jaya Jaya Vijaya Vijaya

자야자야 비자야 비자야ㅣ

स्मर स्मर सर्व बुद्धअधिष्ठत शुद्धे

Smara Smara / Sarva Buddha Adhiṣṭhita Śuddhe/

스마라 스마라 사르바 부따 아디쉬티타 수떼

वज्रि वज्रगर्भे वज्रम् भावतु मम शरीरं ।

Vajri Vajragatbhe Vajram Bhavatu Mama Śariram /

바즈리 바즈라가르베 바즈람 바바투 마마 사리람ㅣ

सर्व सत्त्वानं च काय परि विशुद्धे ।

Sarva Sattvānām ca kāya Pari Viśuddhe /

사르바 사뜨바남 차 카야 파리 비수떼ㅣ

सर्व गति परिशुद्धे ।

Sarva Gati Pariśuddhe /

사르바 가티 파리수떼ㅣ

सर्व तथागत सिञ्चमे समाश्वासयन्तु ।
Sarva Tathāga Siñca Me Samāśvāsayantu /
사르바 타타가타 신차 메 사마스바사얀투 |

सर्व तथागत समाश्वास अधिष्ठिते ।
Sarva Tathāga Samāśvāsa Adhiṣṭhite /
사르바 타타가타 사마스바사 아디쉬티테 |

बुद्धय बुद्धय विबुद्ध विबुद्ध ।
Buddhya Buddhya Vibuddhya Vibuddhya /
부뜨야 부뜨야 비부뜨야 비부뜨야 |

बोद्धय बोद्धय विबोधय विबोद्धय समन्त परिशुद्धे ।
Bodhya Bodhaya Vibodhaya Vibodhya Samanta Pariśuddhe /
보다야 보다야 비보다야 비보다야 비보다야 사만타 파리수떼 |

सर्व तथागत हृदय अधिष्ठानाधिष्ठित
Sarva Tathāgata Hṛdaya Adhiṣṭhānadhisthita
사르바 타타가타 흐리다야 아디쉬타나디쉬티타

महा-मुद्रे स्वाहा ॥
Maha Mudre Svāhā /
마하-무드레 스바하 |

『불정존승진언』 산스크리트 한자어의 한글 표기

나모 바가바테 트로이로카 프라티비스스타야 붇다야 바가바테
타댜타 옴 비슏다야 비슏다야 아사마사마
사만타 바바사 스파라나 가디가하나 스바바바 비슏데
아비심 차투맘
수가타 바라바차나 아므르 타비사이카이
아하라 아하라 아유산다라니
소다야 소다야 가가나 비슏데
우스니사 비자야 비슏데 사하 스라라 스미삼수디테
사르바타타가타 바루카니 사트파라 미타파리푸라니
사루바타타카타 흐르다야 디스타 나디 스티타
사르바 타타가타 흐르다야 디스타나디스티타 마하무드레
바즈라카야 숨하타나 비슏데
사르바바라나바야 두르가티 파리숟데
프라티니바르타야 아유숟데
사마야 디스디테
마니마니 마하마니
타타타붇다 코티파리숟데
비스포타 보디숟데
자야자야 비자야 비자야
스마라스마라 사르바붇다 디스티타숟데
바즈리 바즈라 가르베 바즈람바바 투마마사 사리람
사르바 사트파남차카아 파리비숟데

260

사르바카티 파리숟데
사르바 타타 카타스차메사 마스바사얌토
사르바 타타카타 사마스바 사디스티데
붇다붇다 비붇다야 비붇다야
붇다붇다 비붇다야 비붇다야 비붇다야 사만타 파리숟데
사르바 타타카타 흐르다야 디스타 나디 스티타
마하 무드레 사바하

『불정존승진언』의 한글 해석

귀의 불세존 삼계의 최상이신 불세존이시여
여여하시고 옴 청정청정하시고 평등평등하시어
일체유정과 길을 가는 이 태어나려는 이의
모든 자성이
청정부처의 놀라운 위신력으로 감로의 관정을 베풀어
불사를 이루게 하소서
청정한 삶을 가지게 하소서
청정 허공이 청정 불정존승이 청정 천만광명이 찬란하게 비추이고
일체 여래의 자애로운 초월의 지혜가 원만하고
일체 여래의 십지(十地)가 굳건해지고
일체 여래의 마음과 하나되어 마하무드라의 대법인(大法印)을
이루네.

금강신(金剛身)을 완성 청정
일체의 두려움 악취가 완전 청정하게 되고 모든 장애가
삶에서 청정하게 되며
삼밀가지가
보주 보주 대여의보주로
무량한 중생을 유익하게 하고 청정
굳건히 지키소서 청정한 보리심
승리 승리 완전한 승리를 이루니
일체불과 하나되어 청정
금강 금강장 금강장인 내 몸은 사리를 이루고
일체존재가 그 몸으로 완전히 청정해진다.

모든 길이 청정
일체 여래의 평등한 자성으로
일체 여래의 평등한 자성을 가진다
깨달음 깨달음 완전한 깨달음을 이루고
지혜 지혜 완전한 지혜를 이루어 일체가 완전 청정
일체여래의 마음이 하나되어
마하무드라를 이루네.

3. 수구즉득다라니(隨求卽得陀羅尼)

महाप्रातिसरा विद्याराजनी धारणि

Mahāpratisarā Vidyārājanī Dhārāni

마하프라티사라 비드야라자니 다라니

수구즉득다라니(隨求卽得陀羅尼)

수구즉득다라니(隨求卽得陀羅尼)에 대해

'프라티사라(Pratisarā)'는 프라티는 다가간다는 말이며 '사라'는
근원이나 본질인데 '마하프라티사라'는 위대한 갈망을 말한다.
그것을 한역(漢譯)한다면 수구(隨求)인데 수구는 중생이 소원을
갈망하면 그것을 성취한다는 뜻이며 당나라 때에 인도의 아모가바즈라
(Amoghavajra) 또는 불공(不空) 스님이 번역을 하였다.
원래의 이 경전의 이름은 불설금강정유가최승비밀성불수구즉득신변
가지성취다라니(佛說金剛頂瑜伽最勝秘密成佛隨求卽得神變加持成
就陀羅尼)인데 일반적으로 수구즉득다라니(隨求卽得陀羅尼) 또는
수구다라니(隨求卽得陀羅尼)라고 줄여서 불리워진다.
이 진언은 고려말이나 조선초의 간행으로 보이는 범자(梵字)와 한자의
대역인 오대진언(五大眞言)에 다른 4개의 다라니와 함께 수록된 것이
처음이다.

세종의 한글 창제 이후에는 한글음역을 덧붙여 1485년 성종 16년에 간행된 오대진언에 실려져 널리 보급되었다. 그런데 근래에 한글의 음역만으로 된 수구다라니가 학계에 알려졌다.

성암문고(誠庵文庫)에 있는 2책은 수구다라니 26장과 불정존승다라니(佛頂尊勝陀羅尼) 3장으로 되어 있는데, 존승다라니의 장4 이하는 낙장이므로 다른 다라니가 더 있었는지도 모른다. 완전한 상태인 수구다라니는 앞의 17장에 다라니계청(啓請)과 다라니를 싣고, 뒤의 9장에 수구영험(隨求靈驗)을 실었다.

그런데 수구다라니 등과 함께 오대진언에 수록된 사십이수진언(四十二手眞言)이 한글 음역만으로써 1476년(성종 7년) 간행된 단행본이 전한다. 다라니의 한글 음역 방식이 한글판 수구다라니와 같고, 다같이 오대진언에 수록된 다라니이므로, 이 한글판 수구다라니도 1476년의 간행으로 추정된다.

책의 국어자료도 이 연대를 뒷받침하나, 계청이나 다라니의 명칭에 나타나는 한자음의 표시가 당시의 현실음을 반영하는 사실이 문제이다. 당시의 불경언해서는 모두 동국정운에 따라 한자음이 표기되었기 때문이다.

이 문제는 한자마다 한글로 독음을 단 다른 불경언해와는 달리, 이 책이 한자로 된 계청이나 다라니의 명칭과 그 한글 독음을 짝진 행으로 한 점으로 해명된다.

한글판인 수구다라니는 1569년(선조 2년) 은진의 쌍계사(雙溪寺)에서 복각되었다. 앞쪽의 수구다라니는 원간본과 같이 완전하나, 뒤쪽의 불정존승다라니는 대비심신묘장구다라니(大悲心神妙章句陀羅尼》로 바뀌었다. 복각할 때에 사용된 책에 불정존승다라니가 없고 대비심신묘장구다라니가 남아 있었기 때문이 아닌가 한다.

『수구즉득다라니』 산스크리트 본문 음가

बुद्ध भशितं समन्त ज्रल वल विसुदे स्फरि
क्त जन्त मनि मुद्रहृदय परचित धरनि मह
प्रतिसर मह विद्या रजह

Buddha bhashitam samanta jvala vala vishuddhe sphuri
krita mani mudra hridaya parajita dharani maha
pratisara maha vidya rajaha

붓다 바쉬탐 사만타 즈발라 발라 비슈데 스프리
크리타 친타 마니무드라 흐리다야 파라치타 다라니 마하
프라티사라 마하 비드야 라자하

불설 보변광명 염만청정 치성사유 여의보인 심무능승 다라니
대수구 대명왕 (佛說 普遍光明 焰鬘淸淨 熾盛思惟 如意寶印
心無能勝 陀羅尼 大隨求 大明王)

नमः सर्व तथगतनं नमः

Namah Sarva Tatagātanām nāmāh

나마흐 사르바 타타가타남 나마흐.

नमः सर्व बुद्ध बोधिसत्त्वा बुद्ध धर्म सङ्गेभयः

Namah sarva Buddha Bodhisattva Buddha Dharma
Samghebhyah

나마흐 사르바 붓다 보디사트바 붓다 다르마 상게뱌하.

266

तद्यथा ॐ विपुल गर्भे विपुल विमले
जय गर्वे वजर जवल गर्वे
गति गहने गगन विशोदने सर्व पाप विशोदने

TadyathāOM vipula garbhe vipula vimale

Jaya garbhe vajra jvālā garbhe

Gatigahane gagana viśodhane sarva pāpa viśodhane

타댜타 옴! 비풀라 가르베, 비풀라 비말레,

자야 가르베, 바즈라 즈발라 가르베,

가티 가하네, 가가나 비쇼다네, 사르바 파파 비쇼다네.

ॐ गुनवति गगरिनि गिरिगिरि गमरि गमरि
गह गह
ङ्गलि ङ्गलि गगरि गगरि गंभरि गंभरि

OM Gunavati gagarini giri gamari gamari gaha gaha

Ghagali ghagali gagari gagari gambhari gambhari

옴! 구나바티, 가가리니 기리기리 가마리 가마리 가하 가하

가갈리 가갈리 가가리 가가리 감바리 감바리.

गति गति गमने गरे गुरु गुरु गुरुनिः
चले अचल मुच्चले जय विजये सर्व भय विगते

Gati gati gamane gare guru guru gurunih

Cale acale muccale jaye vijaye sarva bhaya vigate

가티 가티 가마네 가레, 구루 구루 구루니히.

찰레 아찰레 무짤레, 자예 비자예, 사르바 바야 비가테

गर्व सं भरनि शिरि सिरि मिरि मिरि गिरि गिरि
संम्मन्त आकरशने सर्व शातृ प्रमथने
रखष रखष मम सर्व सत्त्वनं च विरि विरि

Garbha sam bharani śiri cirri miri miri giri giri
Sammant ākarashane sarva shatur pramathane
Raksha raksha mama sarva sattvanam ca viri viri

가르바 삼바라니, 시리시리 미리미리 기리기리,
삼만타 아카르샤네, 사르바 샤트루 프라마타네,
락샤 락샤 마마 사르바 사트바남 차 비리비리.

विगता वरन भय नचने सुरि सुरि चिरि चिरि

Vigatā varana bhaya nacane suri suri cirri ciri

비가타 바라나 바야 나샤네, 수리 수리 치리 치리.

कमले विमले जये जय वहे जयवति
भगवति रन्न मकुत मल धरिः

Kamale vimale jaye jaye vahe jayavati
Bhagavati ratna makuta male dharih

카말레 비말레 자예 자야 바헤 자야바티,
바가바티, 라트나 마쿠타 말라 다리히.

बहु विविध विचित्रविष रुप ध्रारिनिः
भगवति मह विद्य देवि
रक्षा रक्षा मम सर्व सत्त्वनं च समन्त संवत्र

Bahu vividha vicitra vesha rūpa dharinih
Bhagavati maha vidya devi
Raksha raksha mama sarva sattvanam ca samanta sarvatra

바후 비비다 비치트라 베샤 루파 다리니히,
바가바티, 마하 비댜 데비,
락샤 락샤 마마 사르바 사트바남 차 사만타 사르바트라.

सर्व पप विचेद्घने हुरु हुरु नक्षत्रमल ध्रारिनिः
रक्षा रक्षा मम अनतस्य त्रन परयनस्य

Sarva papa vicodhane huru huru nakshatra mala dharinih
Rasha rasha mam mama anathasya trana parayanasya

사르바 파파 비초다네, 후루 후루, 낙샤트라 말라 다리니히,
락샤 락샤 맘 마마, 아나타샤 트라나 파라야나샤.

परि मेचय मे सर्व दुःखेभयः

Pari mocaya me sarva duhkebhyah

파리 모차야 메 사르바 두흐케뱌하.

चन्दि चन्दि चन्दिनि
विगवति सर्व दुष्ट निवरनि
षत्रु पक्ष प्रमथनि

Candi candi candini

Vegavati sarva dushta nivarani

Shatru paksha pramathani

찬디 찬디 찬디니,

베가바티, 사르바 두쉬타 니바라니,

샤트루 팍샤 프라마타니.

विजय वहिनि हुरु हुरु मुरु मुरु चुरु चुरु अयु
पलानि
सुर वर मथनि सर्व देवत पुजिते

Vijaya vahini huru huru muru muru curu curu ayu
pālani

Sura varamathani sarva devata pujite

비자야 바히니, 후루 후루 무루 무루 추루 추루, 아유 팔라니,

수라 바라 마타니, 사르바 데바타 푸지테.

टिरि टिरि संमन्त अवलेकिते
प्रभे प्रभे सु प्रभ विसुद्धे
र्संव पप विसेट्टने

Dhiri dhiri samanta avalokite
Prabhe prabhe su prabha vishuddhe
Sarva papa vishodhane

디리 디리, 삼만타 아발로키테,
프라베 프라베, 수 프라바 비슈데,
사르바 파파 비쇼다네.

ङ्रर ङ्रर ङ्ररनि
र र ङ्ररे षुमु षुमु रु रु चले चलय दुषतं
पाुरय मे अशां क्षा वपु ङ्रनं
जय कमले क्षनि क्षनि वरदे वरदं केशे

Dhara Dhara Darani
Ra ra dhara shumu shumu ru ru cale calya dushtam
Pūraya me asham shri vapur dhanam
Jaya kamala kshini kshini varade varadam koshe

다라 다라 다라니.
라 라 다레 슈무 슈무 루 루 찰레 찰라야 두쉬땀.
푸라야 메 아샴, 슈리 바푸르 다남.
자야 카말레, 크쉬니 크쉬니 바라데 바라담 코쉐.

ॐ पद्य विसुदे शेदय शेदय शुद्धे
भर भर भिरि भिरि भुरु भुरु

OM padma vishudde śodhaya śodhaya śuddhe
Bhara bhara bhiri bhiri bhuru bhuru

옴 파드마 비수데, 소다야 소다야 수데,
바라 바라 비리 비리 부루 부루.

मङ्गल विसुदे पवित्रमुखे खद्गिनि
खद्गिनि खर खर

Mangala Vishuddhe pavitra mukhe khadgini
khadgini khara khara

망갈라 비슈데, 파비트라 무케, 카드기니
카드기니, 카라 카라.

ज्वलित शरे संमन्त प्रशारित अवभासित सुदे
ज्वल ज्वल संव देव गन समन्त अर्कषनिः
सत्यवाबते तरत्र तरय मं

Jvalita śire samanta prasarita avabhāsita
shude jvala jvala Sarva deva gana samanta
akarshanih satyavate taratra taratya mam

즈발리타 시레, 삼만타 프라사리타 바바시타
슈데, 즈발라 즈발라 사르바 데바 가나 삼만타
아카르샤니히, 사트야바테 타라트라. 타라야 맘.

272

नग विलोकिते लहु लहु हुनु हुनु
क्षिनि क्षिनि संव ग्रव भक्षनि

Naga vilokite lahu hunu hunu

Kshini kshini sarva graha bhakshani

나가 빌로키테, 라후 라후 후누 후누,

크쉬니 크쉬니, 사르바 그라하 박샤니.

पिङ्गि पिङ्गि चुमु चुमु सुमु सुम चुमु चले
तर तर
नग विलोकिनि तरवतु मं भगवति
अशित मह दरुन भयेभयः

Pingli pingali cumu cumu sumu sumu cumu cale
tara tara

Naga vilokini tarayatu mam bhagavati

Ashita maha daruna bhayebhyah

핑갈리 핑갈리, 추무 추무, 수무 수무, 추무, 찰레,

타라 타라,

나가 빌로키니, 타라야투 맘, 바가바티,

아쉬타 마하 다루나 바예뱌야흐.

समुद्रशागर पर्य अनतं पतल गगन तलं
संव त्रसं अनतेन दिश भन्धेन वज्र प्रकर वज्र
पच बन्धनेन
समुद्रपंइ अनतं अतेन पतल तलं अतेन दिच भट्रेन
वज्र प्रकर भट्रेन वज्र पच भट्रेन

Samudra śagara parya antam patala gagana talam

Sarva trasamanatena diśa bhandhena vajra prakara vajra paca bandhanena

Samudra pari antam antena ptala talam antena dica bhandhena

Vajra prakara bhandhena vajra paca bhandhena

사무드라 사가라 파르얀, 파탈라 가가나 탈람,

사르바 트라사만테나, 디사 반데나, 바즈라 프라카라,

바즈라 파샤 반다네나.

사무드라 파리 안탐 안테나 파탈라 타람 안테나 디차 반데나

바즈라 프라카라 반데나 바즈라 판차 반데나

वज्र ज्वल विसुद्धे भुरि भुरि
गर्भवति गर्भ विसेद्धे भुरि भुरि
गर्भवति गर्भ विसुद्धे कुक्शिः सं पुरनि

Vajra jvala visuddhe bhuri bhuri

Garbhavati garbha visodhani kushni sam purani

바즈라 즈발라 비슈데, 부리 부리,

가르바바티, 가르바 비쇼다니, 쿠쉬히 삼 프라니.

274

ज्वल ज्वल चल चल ज्वलिनि

Jvala jvala cala cala jvalini

즈발라 즈발라, 찰라 찰라, 즈발리니.

प्रवशततु देव समन्तेन दिव्येदकेन
अंरित वंशानि देवत तवरनि अभि शिच्चतु मे

Pravarshatu deva samantena divyodakena
Amria varshani devata tavarani abhi shiccatu me

프라바르샤투, 데바 사만테나, 디뵤다케나,
아므리타 바르샤니 데바타 타바라니, 아비쉬차투 메.

सुगत वर वचन अंरित वर वपुशे
रक्श रक्श मम संव सत्त्वनं च
संवत्रसंवद् संव भयेभयः
संवे पद्रवेभयः संवे पसंगेभयः

Sugata vara vacana amrita vara vapushe
Raksha raksha mama sarva sattvanam ca
Sarvatra sarvada sarva bhayebhayah
Sarvo padravebhyah sarvo pasargebhyah

수가타바라 바차나 암므리타 바라 바푸쉐,
락샤 락샤 마마 사르바 사트바남 차,
사르바트라 사르바다, 사르바 바예바야흐,
사르보 파드라베뱌흐, 사르보 파사르게뱌흐.

सर्व दुशित भय भितस्य
सर्व कलि कलह विग्रह विवद दुः स्वप्न
दुं निमित्त अमङ्गय पप विनशनिः

Sarva dushta bhaya bhitasya

Sarva kali kalasha vigraha vivada duh svapna

Dur nimitta amangalya papa vinashanih

사르바 두쉬타 바야 비타샤,

사르바 칼리 칼라하 비그라하 비바다 두후 스바프나

두르 니미타망갈랴 파파 비나샤니히.

सर्व यक्श रक्शास नग निवरनिः

Sarva yaksa rakshasa naga nivaranih

사르바 약샤 락샤사 나가 니바라니히.

सरनि सरे बल बल बलवति जय जय
जयतु मंस वत्रसर्व कलं
सिधयन्तु मे एमं मह विद्यं

Sarani sare bala bala balavati

Jaya jaya jayatu mamsa vatra sarva kalam

Sidhyantu me emam maha vidyam

사라니사레, 발라 발라, 발라바티,

자야 자야, 자야투 맘사 바르트라 사르바 칼람.

시   투 메 에맘, 마하 비드얌.

276

सदय सदय सर्व मन्दल सदनिः
ङ्कतय सर्व विग्नः

Sadhaya sadhaya sarva mandala sadhanih
Ghataya sarva vighnah

사다야 사다야, 사르바 만달라 사다니히.
가타야 사르바 비그나하.

जय जय सिद्धि सिद्धि सुसिद्धि
सिथय सिथय बुथय बुथय
बेथय बेथय पुरय पुरय पुरनि पुरनि
पुरय मे अशं

Jaya jaya siddhye siddhye susiddhe
Sidya sidya budhya budhya
Bodhya bodhya puraya puraya

자야 자야, 싯데 시데, 수시데,
시댜 시댜, 부댜 부댜,
보다야 보다야, 푸라야, 푸라야,
푸라니 푸라니, 푸라야 메 아샴.

सर्व विद्य अधि गत मुर्ते
जयेत्तरि जयवति तिष्ठ समयं
अनु पलय तथगत हृदय शुद्धे व्यवलेकय मं

Sarva vidya adhi gata murte
Jayottari jayavati tishtha tishtha samayam
Anu palaya tathagata tathagata hridaya suddhe
vyavalokaya mam

사르바 비드야 아디 가타 무르테,
자요트타리 자야바티, 티쉬타 티쉬타 사마얌,
아누 팔라야, 타타가타 흐리다야 슈데, 뱌발로카야 맘.

अशुतभि मह दरुन भये
सर सर प्रसर प्रसर
सर्व अवरन शोधनिः

Aśutabhi maha daruna bhaye
Sara sara prasara prasara
Sarva avarana śodhanih

아슈타비, 마하 다루나바예,
사라 사라, 프라사라 프라사라,
사르바 아바라나 쇼다니히.

समन्त कर मन्दल विसुद्धे
विगते विगते विगत मल विशेयनिः
कशिनि कशिनि
र्सव पप विशुचे मल विगते

Samanta kara mandala viduddhe

Vigate vigate vigata mala viśodhanih

Kashni kashni

Sarva papa visuddhe mala vigate

사만타 카라 만달라 비슈데

비가테 비가테 비가타 말라 비쇼다니히

크쉬니 크쉬니 사르바 파파 비슈데, 말라 비가테

तेजवति वज्रवति त्रेलोक्यधिषिते स्वह
र्सव तयगत बुद्धअभिशिक्ते स्वह
र्सव बेधिसत्त्व अभिशिक्ते स्वह
र्सव देवत अभिशिक्ते स्वह

Tajavati vajravati trailokyadhishthite svaha

Sarva tathagata Buddha abhishikte svaha

Sarva bodhisattva abhshikte svaha

Sarva devata abhshikte svaha

테자바티 바즈라바티 트라일로캬디쉬티테 스바하.

사르바 타타가타 붓다 아비쉭테 스바하.

사르바 보디사뜨바 아비쉭테 스바하.

사르바 데바타 아비쉭테 스바하.

सर्व तथगत हृदय अधिष्थित हृदयये स्वह
सर्व तथगत समय सिद्धस्वह

Sarva tathagata hridaya adhishthita hridaya svaha
Sarva tathagata samaya siddhe svaha

사르바 타타가타 호리다야 아디쉬티타 호리다예 스바하.
사르바 타타가타 사마야 시떼 스바하.

इन्द्रेन्इन्स्रवतिइन्द्र व्यवलेकिते स्वह
ब्रह्मे ब्रह्मवत्युशिते स्वह
ष्णु नमस करिते स्वह
महेश्वर वन्दित पुजिते स्वह

Indre Indravati Indra vyavalokite svaha
Brahme Brahmvaty ushite svaha
Vishinu namas krite svaha
Maheshvara vandita pujite svaha

인드렌드라바틴드라 뱌발로키테 스바하.
브라흐메 브라흐마바트유쉐테 스바하
비쉬누 나마스 크리테 스바하
마헤쉬바라 반디타 푸쥐테 스바하

वज्र धर वज्र पनि बल विर्यधिषिथिते स्वह

Vajra Dhara vajra pari bala virya adhishthite svaha

바즈라 다라 바즈라 파니 발라 비랴디쉬티테 스바하.

द्रितरश्त्रय स्वह विरुधकय स्वह
विरुपक्शाय स्वह वैश्रवनय स्वह
चतुर मह रज नमस् करितय स्वह

Dritarashtraya svaha virudhakaya svaha
Virupakshaya svaha vaishravanaya svaha
Catur maha raja namas kritaya svaha

드리타라쉬트라야 스바하. 비루다카야 스바하.
비루팍사야 스바하. 바이쉬라바나야 스바하.
차투르 마하 라자 나마스 크리타야 스바하.

यमय स्वह यम पुजित नमस् करितय स्वह

Yamaya svaha yama pujita namas kritaya svaha

야마야 스바하 야마 푸지타 나마스 크리타야 스바하

वरुनय स्वह मरुतय स्वह मह मरुतय स्वह
अगनये स्वह नग विलेकितय स्वह

Varunaya svaha Marutaya svaha Mahamarutaya svaha
Agnaye svaha Naga Vilokitaya svaha

바루나야 스바하 마루타야 스바하 마하 마루타야 스바하.
아그나예 스바하 나가 빌로키타야 스바하

देव गनेभयः स्वह नग गनेभयः स्वह
यक्श गनेभयः स्वह रक्श गनेभयः स्वह
गर्धव गनेभयः स्वह असुर गनेभयः स्वह
गरुन गनेभयः स्वह किन्नर गनेभयः स्वह
महेरग गनेभयः स्वह

Deva ganebhyah svaha, Naga ganebhyah svaha
Yaksha ganebhyah svaha, Raksha ganebhyah svaha
Gaddharva ganebhyah svaha, Asura ganebhyah svaha
Garuna ganebhyah svaha, Kinnara ganebhyah svaha
Mahoraga ganebhyah svaha

데바 가네뱌하 스바하, 나가 가네뱌하 스바하,
약샤 가네뱌하 스바하, 락샤 가네뱌하 스바하,
간다르바 가네뱌하 스바하, 아수라 가네뱌하 스바하,
가루나 가네뱌하 스바하, 킨나라 가네뱌하 스바하,
마호라가 가네뱌하 스바하.

मनुष्यभयः स्वह अमनुष्यभयः स्वह सर्व ग्रहेष्भयः
स्वह
सर्व नक्ष्त्रेभः स्वह सर्व भुतेभयः स्वह सर्व
प्रेतेभयः स्वह
सर्व पिषचेभः स्वह सर्व अपस्मरेभः स्वह
सर्व कुंभन्देभः स्वह सर्व पुतनेभः स्वह
सर्व कतपुतने स्वह

Manushyebhyah svaha, Amanushyebhyah svaha Sarva grahebhyahah Svaha

Sarva nakshtrebhyah svaha, sarva bhutebhyah svaha, sarva pretebhyah svaha

Sarva pashacebhyah svaha, sarva apasmarebhyah svaha

Sarva kumbhandebhyah svaha, Sarva putanebhyah svaha

Sarva kataputanebhyah svaha

마누셰뱌하 스바하, 아마누셰뱌하 스바하 사르바 그라헤뱌하 스바하,

사르바 낙샤트레뱌하 스바하, 사르바 부테뱌하 스바하, 사르바 프레테뱌하 스바하,

사르바 피샤체뱌하 스바하, 사르바 파스마레뱌하 스바하,

사르바 쿰반데뱌하 스바하, 사르바 푸타네뱌하 스바하,

사르바 카타푸타네뱌하 스바하.

ॐ धुरु धुरु स्वह
ॐ तुरु तुरु स्वह
ॐ भुरु भुरु स्वह

OM dhuru dhuru svaha

OM turu turu svaha

OM bhuru bhuru svaha

옴 두루 두루 스바하

옴 투루 투루 스바하

옴 부루 부루 스바하

हन हन र्सव सत्रुनं स्वह
दह दह स्व दुष्त प्रदुष्तमनं स्वह
पच पच र्सव प्रत्यर्थिक प्रत्यमित्रनं
ये मम अहितैशिनः

Hana hana sarva satrunam svaha

Daha daha sva dushta pradushtanam svaha

Paca paca sarva pratyarthika pratyamitranam

Ye mama ahitaishinah

하나 하나 사르바 샤트루남 스바하,

다하다하 스바두쉬타 프라두쉬타남 스바하,

파차 파차 사르바 프라트야르티카 프라트야미트라남,

예 마마 히타이쉬나흐

तेसं सर्वेशां शारिरं ज्वलय दुष्त चत्तनं स्वह
ज्वलितय स्वह प्रज्वलितय स्वह दिप्त ज्वलित
स्वह
स्मन्त ज्वलित स्वह मनि भद्रय स्वह पुन भद्रय
स्वह
मह कलय स्वह मत्रि गनय स्वह

Tesham sarvesham śariram jvalaya, dushta cittanam svaha,

Jvalitaya svaha, prajvalitaya svaha, dipta jvalaya svaha,

Samanata jvalaya svaha, mani bhadraya svaha, purna bhadraya svaha,

Maha kalaya svaha, matri ganaya svaha

테샴 사르베샴 샤리람, 즈발라야 두쉬타 치따남 스바하,

즈발리타야 스바하, 프라즈발리타야 스바하, 디프타 즈발라야 스바하

사만타 즈발라야 스바하, 마니 바드라야 스바하, 푸르나 바드라야 스바하,

마하 칼라야 스바하, 마트리 가나야 스바하.

यक्शिननं स्वह रक्शासिनं स्वह अकश मत्रनं
स्वह
समुद्रवसिनिनं स्वह रत्रिचरनं स्वह दिवस चरनं स्वह
त्रिसंध्य चरनं स्वह वेल चरनं स्वह अवेल चरनं स्वह
गह हरेभयः स्वह गह सं तरनिः स्वह

Yakshininam svaha, rakshasinam svaha, akasha svaha

Samudra vasininam svaha, ratri caranam svaha, divasa caranam svaha

Trisamdhya caranam svaha, vela caranam svaha, avela caranam svaha

Gaha harebhyah svaha, Gaha sam taranih svaha

약쉬니남 스바하, 락샤시남 스바하, 아카샤 마트리남 스바하,

사무드라 바시니남 스바하, 라트리 차라남 스바하, 디바사 차라남 스바하,

트리상댜 차라남 스바하, 벨라 차라남 스바하, 아벨라 차라남 스바하,

가하 하레뱌하 스바하, 가하 상타라니히 스바하.

हुरु हुरु स्वह ॐ स्वह स्व स्वह
भू स्वः भुवः स्वः ॐ भूँ भुवः स्वः स्वः

Huru huru svaha OM svaha sva svaha

Bhu svaha Bhvah svaha OM bhur bhvah svaha svaha

후루 후루 스바하, 옴! 스바하, 스바 스바하,

부 스바하, 브바흐 스바하, 옴! 부르 브바하 스바하 스바하.

चिति चिति स्वह विति विति स्वह धरनिः
स्वह
धरनि स्वह अग्निः स्वह तेजेवपुः
स्वह

Citi citi svaha viti viti svaha dharanih svaha

Dharani svaha agnih svaha tejovapuh svaha

치티 치티 스바하, 비티 비티 스바하, 다라니히 스바하,

다라니 스바하, 아그니히 스바하, 테조바푸흐 스바하.

चिरि चिरि स्वह सिरि सिरि स्वह
बुध्य बुधय स्वह सिध्य सिध्य स्वह

Ciri ciri svaha siri siri svaha

Budhya Budhya svaha sidya sidya svaha

치리 치리 스바하, 시리 시리 스바하

부드야 부드야 스바하, 시드야 시드야 스바하.

मन्दल सिधे स्वह मन्धल बन्धे स्वह
सिम भन्धने स्वह

Mandala siddhe svaha Mandala bandhe svaha

Sima bhandhane svaha

만달라 시데 스바하, 만달라 반데 스바하,

시마 반다네 스바하.

सर्व शत्रुनं जंभ जंभ स्वह
स्तंभय स्तंभय स्वह
चिन्न चिन्न स्वह । भिन्न भिन्न स्वाह
भन्ज भन्ज स्वह । भन्ध भन्ध स्वह
मेहय मेहय स्वह

Sarva shatrunam jambha jambha svaha
Stambhaya stambhaya svaha
Chinna china svaha. Bhinna bhinna svaha
Bhanja bhanja svaha. Bhandha bhandha svaha
Mohaya mohaya svaha

사르바 샤트루남 잠바 잠바 스바하,
스탐바야 스탐바야 스바하,
친나 친나 스바하, 빈나 빈나 스바하,
반자 반자 스바하, 반다 반다 스바하,
모하야 모하야 스바하.

मनि विशुद्धे स्वह सूर्ये सूर्ये
सूर्य विशुद्धे विशोद्धने स्वह
चन्द्रे सुचन्द्रे पुन चन्द्रे स्वह

Mani vishuddhe svaha surye surye
Surya vishuddhe vishodhane svaha
Candre candre purna candre svaha

마니 비수떼 스바하, 수례 수례,
수랴 비수떼 비쇼다네 스바하,
찬드레 수찬드레 푸르나 찬드레 스바하.

288

ग्रहेभ्यः स्वह नक्षात्रभ्यः स्वह शिवैः स्वह
शान्तिः स्वह
शान्तिः स्वह स्वसति अयने स्वह

Grahebhyah svaha Nakshatrabhyah svaha śivaih svaha
śantih svaha
śantih svaha svastayane svaha

그라헤뱌흐 스바하, 낙샤트레뱌흐 스바하, 시바이히 스바하,
산티히 스바하, 산티히 스바하, 스바스타야네 스바하.

शिवं करि शान्तिहि करि पुष्तितः करि
मरमधनिः स्वह शिरिः करि स्वह शिरियं अधनि स्वह

Śivam kari śantih kari puśtih kari
maranadhani svaha shrihi kari svaha śriyam adhani
svaha

쉬밤 카리, 샨티히 카리, 푸쉬티히 카리,
마라마다니히 스바하, 쉬리히 카리 스바하, 쉬리얌 아다니
스바하.

शिरिय ज्वलनि स्वह नमुचिं स्वह मरुति स्वह
वेगवति स्वह

Śriya jvalani svaha namucim svaha maruti svaha
vegavati svaha

쉬리야 즈발라니 스바하, 나무침 스바하, 마루티 스바하,
베가바티 스바하.

『수구다라니』 산스크리트 한자어의 한글 표기

나막살바 타타가타남 나모

모나막 살바 부다 보디사트바 모따달마 싱카뱍

옴 비프라 가르바 비프라 비마래 쟈야가르바 바즈라 스바라 가르바

가티 가하니 가가나 비슈다니 살바파파 비쇼다니

옴 비프라 가르바 비프라 비마래 쟈야가르바 바즈라 스바라 가르바

가티 가하니 가가나 비슈다니 살바파파 비쇼다니

가티가티 가바니가래 오로오로 오로니

차래 아차래 무차래 자예 비자예 살바바야 비가테

갈바 삼바리니 시리시리 비리비리 키리키리

삼마타 카르샤니 살바 샤드라 프라바르타니

략샤략샤 마마 살바 사트바 남차 비리빌

비가타 바라나 바야 나사니 수리수리 치리치리

캄마예 미바래 자예 자야바해 자야바티

바가바티 라트나 마크타 마라다리

마흐 비비다 비치트라 배싸로 파 다리니

바가바티 마하 빈트야 내비

락샤락샤 마마 살바 사트바 난샤 삼만타 살바트라

살바파파 비슈다니 후로후로 남크샤트라 마로 다리니

락샤락샤 맘마마 아나타샤 트라나 파라야 나스야

파리 모차야믐 살바득세뱍

찬니찬니 찬니니

배가바티 살바니스타 니바라니

샤트로팍니 프라 바르타니

비자야 바해니 후로후로 무로무로 추로추로 아욱 파라니

슈라바라 바르도니 살바 내바타 프지내

디리디리 삼만타 바로키테

프라배 프라배 슈프라바 비쇼데

살바 파파 비쇼다니

다라다라 다라니 다라다래 슈무슈무 도로차라 차라야 다쓰담
스라야

맴아삼 쓰리바부 다난자야 캄마래 쿠시니 쿠시니

바라 내바라 담쿠새

옴 파드마 비쇼데 쇼다야 쇼다야쇼데 바라바라 비리비리 부로부로
마주라라 비쇼데 파비 트라무캐 카르게니

카르게니 카라카라

스바리타 시레 삼만다 프라샤리타 바바시타쇼데 스바라스바라
살바데바가나

삼만타 카르샤니 사트야바테 타라타라 타라야맘

나가 비로기테 라후라후 후누후노 쿠시니 쿠시니

살바 그라하 바크샤니

핌가리 핌가리 추무추무 수무수무 추비차레 타라타라 나가 비로키니

타라야 두맘 바가바티 아스다마하 바예박

삼무드라 샤가라 파노탐 푸타라 가가나 타람 살바트라 삼만테나

니샤 바데나 바즈라 프라카라 바즈라 파샤 만다네나

바즈라 스바라 비쇼데 부리부리 가르바 바티 가르바

비쇼다니 카크시 삼프라니

스바라 스바라

차라차라 스바리니

프라바르샤두 내바삼 만데나 디냐내 케나
아무리타 바르샤니 아무리타 바라
바프류샤 락샤락샤마마 살바 사트바 난차 살바트라 살바다
살바 바애박 살바 파드라 배북 사르보파 샤르게북
살바누 수바바야 비타샤 살바 카리카 라하
비그라하 비바나 늑스 바푸나 누루티
비타 맘가랴 파파 비나샤니
살바 약샤 락샤샤 나가니 바라니
사라니 시레샤라마라 마라바티 자야자야 자야두맘
살바트라 살바카람 싯띠두맴 이맘마하 비눔
사다야 사다야 살바 만다라 사다니 카타야 살바 비그나
자야자야 싯떼싯떼 수시떼 싯디싯뜨야
무드야 무드야 프라야 프라야 프라니 프라니 프라야 맘 아삼
살바비냐 디가타 부루테 자요타리 자야바티
티스타 티스타 삼마야 마누 파라야 타타가타 후리다야 쇼데
무바로 카야두밤
아스다비 마하나 로나 바애
사라사라 프라사라 프라사라
살바 바라나 비쇼다니
삼만타 카라 맘다라 비쇼데
비가테 비가테 비가타마라 비쇼다니
쿠시니쿠시니 살바 파파 비쇼데 마하라 비가테
테자바티 라즈라 바티
트레로카 디스디테 스바하
살바 타타가타 무다라 비시크테 스바하
살바 보디샤트바 비시테 스바하

살바 내바타 비시테 스바하
살바 타타가타 후리다야 디스다타 후리다에 스바하
살바 타타가타 삼마야 싯떼 스바하
인례이녜 바티인례 무바로기테 스바하
브라흐마나 브라흐마나 눅 쿠시테 스바하
비뇨나막 슈리테 스바하
마해 스마라 만디타 푸주타애 스바하
바즈라 다라 바즈라 파니 마라미랴 디스디테 스바하
두타라 수드라야 스바하 비로 다카야 스바하
미로 팍샤야 스바하 베쓰라 마나야 스바하
차드라 마하 라자나막 슈리타야 스바하
얌마약 스바하 얌마 푸자타 나막 슈크리타야 스바하
바로나야 스바하 마로타야 스바하 마하 마로타야 스바하
아크나애 스바하 마가미로 키타야 스바하
내바가 내뱍 스바하 나가가 내뱍 스바하
약샤가 대뱍 스바하 략샤샤가 대뱍 스바하
간다르바가 테뱍 스바하 아슈라가 내뱍 스바하
가로나가 내뱍 스비하 긴나라가 내뱍 스바하
마하라가가 네뱍 스바하
마누쇼박 스바하 아마누 셰박 스바하 살바 그라 해뱍 스바하
살바 부테뱍 스바하 살바 프라테뱍 스바하 살바 비샤테뱍 스바하
아파스바레뱍 스바하 쿠반다뱍 스바하
옴 두로두로 스바하
옴 두로두로 스바하
옴 무로보로 스바하
하나하나 살바 샤드로남 스바하

다카다카 살바 누스다 프라누스다남 스바하
파차파차 살바 프라 틀랴카 프라드야비 트라남 예마맘 스바하
아예 테시나
테삼 살바삼 샤리람 스바라야 누스다치타남 스바하
스바리 타야 스바하 프라쥬바리 타야 스바하
디프다 주바라야 스바하 삼만다 스바라야 스바하
마니 반나라야 스바하 프루나 바나라야 스바하
마하 카라야 스바하 마드리 카나야 스바하
약샤니남 스바하 랴샤시남 스바하 아카샤 마트리남 스바하
삼무드라 바치니남 스바하 라트리 차라남 스바하 니바샤 차라남
스바하
트리샤드야 차라남 스바하 배라 차라남 스바하 아배라 차라남
스바하
가르바 하레뱍 스바하 가르바 산타라니 스바하
호로호로 스바하 옴 스바하 스박 스바하
북 스바하 부박 스바하 옴 부라부박 스박 스바하
치티치티 스바하 비티비티 스바하 다라니 다라니 스바하
아그니애 스바하 테예바부 스바하
치리치리 스바하 시리시리 스바하
부따부따 스바하 싯따싯따 스바하
만다라 싯떼 스바하 만다라 만데 스바하
시마 만다니 스바하
살바 샤트로남 스바하 쟘바쟘바 스바하 스타스바약 싸담바야
스바야
친다친다 스바하 빈나빈나 스바하 반쟈반쟈 스바하
만다만다 스바하 모하야 모하야 스바하

마니 비쇼데 스바하

수루애 수루애 수루애 비쇼데 비슈다니 스바하

찬애 수찬애 푸루나 찬애 스바하

그라해 그라해뱌 스바하 락샤 트레뱌 스바하

시베 스바하 싸띠 스바하 스박 스티야니 스바하

시밤 카리 사티가리 푸수데카리 마라마르다니 스바하

스리카리 스바하 스리야 마르다니 스바하

스리야 스바라니 스바하 나모치 스바하 마로치 스바하 바가바티
스바하

『수구다라니』의 한글 번역

부처님께서 두루 비추는 광명이 모든 더러움을 청정하게 하며
무적이며 모든 것이 이루어지는 여의보주(如意寶呪)와 무드라(結
印)와 마음으로 위대한 최고의 만트라 (呪文)

귀의합니다. 일체의 여래께 귀의합니다.
모든 부처님과 보살님과 불법승(佛法僧)에 귀의합니다.
그 주문은 이와 같다. 옴! 광대한 태장(胎藏) 속에서,
무량한 청정무구함 속에서,
모든 것을 이기는 태장 속에서,
금강처럼 굳세고 화염처럼 빛나는 태장 속에서,
심연을 갈 때, 허공처럼 청정한 가운데, 일체 죄업이 청정한 가운데,
옴! 덕이 있는 자에게, 가가리니 기리기리 가마리 가마리 가하 가하
가갈리 가갈리 가가리 가가리 감바리 감바리

가고 가고 가는 중에, 흘러가는 것 속에, 스승, 스승, 여자 스승,
변화 속에, 변치 않음 속에, 해탈하는 변화 속에, 승리 속에,
승리를 위한 전투 속에, 모든 두려움을 넘어선 가운데,
태장(胎藏)을 기르시는 분이시여! 시리 시리 미리 미리 기리 기리.
모든 것을 불러내시고, 모든 원수를 정복하사,
당신께서 저의 일체의 중생을 보호하시고 보호해 주소서.
보호 받지 못한다는 두려움이 사라지게 하소서.
수리 수리 치리 치리

연꽃 속에서, 청정함 속에서, 승리 속에서,

승리를 낳음 속에서, 의기양양함 속에서,

행운 속에서, 보관(寶冠)과 아름다운 목걸이를 착용하신 분 안에서.

온갖 종류의 아름다운 형상과 모습을 지니신 분이시여,

거룩함 속에 위대한 지식을 지니신 여신이시여!

언제 어디서나 당신께서 저와 일체의 존재를 보호하시고 보호해
주소서.

모든 죄업이 청정하도록, 후루 후루,

별들을 장신구로 지니신 여신이시여,

당신께서 저를 보호하시고, 보호해 주소서.

아무 것도 의지 하지 않으시는 분이시오,

저의 보호자이시며 궁극의 목적지이신 분이시여

제가 일체의 고통에서 완전히 벗어나게 하소서.

강렬한 여신이시여! 강렬한 여신이시여! 강렬한 여신이시여!

속히 모든 죄업을 막으시는 여신이시여!

적들을 굴복시키는 여신이시여!

승리하는 군대시여! 후루 후루 무루 무루 추루 추루.

생명의 보호자시여!

신의 방해를 파괴하는 파괴자시여! 모든 신들의 공경을 받으소서!

디리 디리. 완전한 지켜보는 가운데,

빛이시여, 빛이시여, 미묘한 빛이 청정한 가운데,

일체 죄업이 청정해지게 하소서.

보존하시는 분이시여! 보존하시는 분이시여!

보존하시는 여인이시여!

라 라. 보존하심 속에, 슈무 슈무 루 루.

변화 속에, 죄과가 사라지게 하소서.
저의 소원과 지위와 미모와 재보(財寶)가 만족하게 하소서.
상처 받은 여신이시여! 상처 받은 여신이시여!
승리의 연꽃 위에서, 소원을 들어 주시는 분 안에서,
소원을 들어 주시는 분을 위해, 보고(寶庫) 속에서.
옴! 연꽃의 지극한 청정함으로,
청정해지도록 정화해 주소서! 정화해 주소서!
바라 바라 비리 비리 부루 부루.

경이롭고 청정한 가운데, 정화의 도구 위에,
칼로 무장하신 여신이시여! 칼로 무장하신 여신이시여!
상처를 주시는 분이시여! 상처를 주시는 분이시여!
빛나는 봉우리에서, 모든 것을 널리 비추는 청정함 속에서,
화염이시여! 화염이시여!
모든 신(神)들을 부르고, 진실한 이를 구원하소서.
당신께서 저를 구원하소서.

용(龍)이 바라볼 때, 장애 되고 장애 되고 막히는 막히는
모든 악한 별들이 파괴 되었도다. 파괴 되었도다.
핑갈리 천녀(天女)시여! 핑갈리 천녀시여!
추무 추무 수무 수무 추무,
변동 속에서 구원하시고 구원하소서.
용이 바라보는 가운데, 거룩함 속에서,
여덟 가지 크고 무서운 공포에서 저를 구원하소서.
바다에서, 그리고 바다의 가장자리에서 죽음,
하계와 허공에서 죽음,
공포스런 죽음, 어떤 곳에 속박, 금강장벽과 금강올무의 속박.
여기서는 여덟 가지 공포를 다룬다.

첫째, 바다에 빠져 죽는 것.

둘째, 바다에 에워 싸여 죽는 것.

셋째, 하계(下界)에 떨어져 죽는 것.

넷째, 허공에서 죽는 것.

다섯째, 공포와 함께 죽는 것.

여섯째, 속박되어 자유를 잃고 있는 것.

일곱째, 빠져 나오지 못하는 장벽에 갇혀 있는 것.

여덟째, 족쇄에 채워져 있는 것.

금강의 빛나는 청정함, 풍요의 여신이시여! 풍요의 여신이시여!

아이를 임신하신 분이시여! 태(胎)가 지극히 순수하신 분이시여!

태(胎)가 풍요로우신 분이시여!

불꽃이시여! 불꽃이시여!

강한 움직임이시여! 강한 움직임이시여!

불타는 여신이시여!

비를 내려 주소서. 시방(十方)의 모든 신들과 천수(天水)로 더불어,

수많은 신들께서는 그 분께서 저에게 감로(甘露)의 비로 관정(灌頂)

하시게 해 주소서.

부처님의 가장 뛰어난 말씀은 불멸이시며 지극히 아름다우시오니,

언제 어디서나, 당신께서 저와 모든 중생의 일체의 공포와,

일체의 고통과,

일체의 재난에서 보호해 주시고 보호해 주소서.

일체의 불화와 다툼과 싸움과 분쟁과 악몽과

흉조와 불길함과 죄악이 사라지게 하소서.

일체의 야차와 나찰과 용들을 물리쳐주소서

길을 가는 중에, 대력(大力)이시여, 대력이시여! 힘 있는 중에,

승리시여, 승리시여! 그에게 육신의 장벽과 모든 시간을 극복하게

하소서.

그들이 저의 길을, 위대한 주문을 성취하게 하소서.
당신께서 일체 만달라의 성취를 이루어 주소서.
일체의 마장을 다 부수어 주소서.
승리여, 승리여! 성취여, 성취여, 뛰어난 성취여!
성취하소서! 성취하소서! 보소서! 보소서!
회복하게 하소서! 회복하게 하소서!
완성케 하소서! 완성케 하소서!
저의 소원을 이루어 주소서!

모든 주문을 확립하여 확고해져서,
승리에 승리를 얻어서, 약속을 지키고 보호하게 하소서.
여래의 마음이 청정한 상태에서 , 나를 보호하게 하소서.
여덟 가지 공포 가운데, 커다란 어려움의 공포 가운데,
가는도다! 가는도다! 흘러가는도다! 흘러가는도다!
모든 장애가 청정해지도다.
모든 행위의 영역이 청정해지고,
여의고 여의고, 번뇌를 완전히 여의어 청정해지게 하소서.
상처 받은 분이시여! 상처 받은 분이시여!
일체의 죄업이 청정해지고, 모든 번뇌를 여의게 하소서.

빛과 단단한 금강 같은 것에 삼계의 가피를 영원하소서(스바하).
모든 여래와 부처님이 관정(灌頂)을 받는 영원하소서.
모든 보살이 관정을 받는 영원하소서.
모든 신들이 관정을 받는 영원하소서.
일체 여래의 마음이 호념하시는 마음 가운데 스바하.
일체 여래의 삼매를 성취한 가운데 스바하.

제석천이시여! 제석천께서 같이하시고, 제석천께서 보살펴주소서,
스바하.

범천(梵天)이시여, 범천께서 동행하시고, 범천께서 오래 머무소서,
스바하.

비쉬누 신께서는 예배를 받으소서, 스바하.

대자재천께서는 찬양과 예배를 받으소서, 스바하.

금강지(金剛持) 보살님과 금강수(金剛手) 보살님의 대력과 위력으로
수호해 주소서 스바하.

지국천왕님께 스바하 증장천왕님께 스바하.

광목천왕님께 스바하. 다문천왕님께 스바하.

사대천왕께서는 공경을 받으소서, 스바하

야마천(夜摩天)을 대표하시는 분께 스바하.

야마천은 공양과 공경을 받으소서, 스바하.

수천을 위하여 스바하

풍천(風天)을 위하여 스바하

대풍천(大風天)을 위하여 스바하

화천(火天)을 위하여 스바하

용이 보살피는 것을 위하여 스바하

신(神)의 무리를 향하여 스바하, 용의 무리를 향하여 스바하,

야차의 무리를 향하여 스바하, 나찰의 무리를 향하여 스바하,

천상 악사의 무리를 향하여 스바하, 요괴의 무리를 향하여 스바하,

거대한 새의 무리를 향하여 스바하,

인비인(人非人)의 무리를 향하여 스바하,

거대한 뱀의 무리를 향하여 스바하.

모든 인간을 향하여 스바하, 모든 비인간을 향하여 스바하,

모든 악한 행성들을 향하여 스바하, 모든 천체를 향하여 스바하,

모든 귀신들을 향하여 스바하,

모든 아귀들을 향하여 스바하, 모든 악귀들을 향하여 스바하, 모든 뇌란동자(惱亂童子)를 향하여 스바하,

모든 옹형귀(甕形鬼)를 향하여 스바하, 모든 취귀(臭鬼)를 향하여 스바하, 모든 극취귀(極臭鬼)를 향하여 스바하.

옴 두루 두루 스바하.

옴 투루 투루 스바하.

옴 무루 무루 스바하.

모든 원수에게 속한 것을 죽이시고 죽이소서.

저 자신의 모든 죄과와 중죄에 속한 것을 태우시고 태우소서.

저에게 무익한 것이오니,

모든 적과 원수에게 속한 것을 태우시고 태우소서.

그들의 일체의 몸을, 죄업의 마음에 속한 것들을 태우소서 스바하.

광명에게 스바하, 위대한 광휘에게 스바하,

빛나는 화염에게 스바하, 편만한 화염에게 스바하,

마니바드라에게 스바하, 푸르나바드라에게 스바하,

마하칼라에게 스바하, 거룩하신 어머니의 모임에게 스바하.

야차녀들에게 스바하, 나찰녀들에게 스바하,

하늘의 어머니들께 스바하, 바다의 거주자들에게 스바하,

밤의 밀사(密使)들에게 스바하, 낮의 밀사들에게 스바하,

삼연접점시(三連接點時)의 밀사들에게 스바하,

시간의 밀사들에게 스바하,

비시간(非時間)의 밀사들에게 스바하, 죽음을 끊은 자들에게 스바하,

죽음을 다 극복한 자들을 위하여 스바하.

후루 후루 스바하, 옴 스바하, 재물이여 스바하,

땅이여 스바하, 중간계여 스바하, 옴! 땅과 중간계와 천상계여, 스바하.

치티 치티 스바하, 비티 비티 스바하,

대지로다 스바하, 다라니로다 스바하,

불이로다 스바하, 광명의 아름다운 형상이로다 스바하.

치리 치리 스바하, 시리 시리 스바하,

지혜로우소서! 지혜로우소서! 스바하, 이루소서! 이루소서! 스바하.

만달라가 완성된 가운데 스바하, 만달라를 형성한 가운데 스바하,

경계를 짓는 가운데 스바하.

일체 원수가 파괴되었도다! 파괴되었도다! 스바하.

방어해 주소서! 방어해 주소서! 스바하.

부수었도다! 부수었도다! 스바하.

깨뜨렸도다! 깨뜨렸도다! 스바하.

결박했도다! 결박했도다! 스바하.

결박했도다! 결박했도다! 스바하.

알지 못하게 하소서! 알지 못하게 하소서! 스바하.

마니보주(摩尼寶珠)가 청정하도록 스바하.

태양을 위하여, 태양을 위하여,

태양이 청정하도록, 정화가 이루어지도록 스바하

달을 위하여, 빼어난 달을 위하여, 보름달을 위하여 스바하.

나쁜 행성들에게서 벗어나 스바하, 여러 성좌에게서 벗어나 스바하,

여러 상서로움을 통해서 스바하,

평화로다 스바하 평화로운 길로 가도록 스바하.

상서로움을 성취함이여! 평화를 성취함이여! 풍요를 성취함이여!

궁핍을 제거함이여! 스바하, 번영을 성취함이여! 스바하,

행운을 얻음이여! 스바하.

빛을 통해 태우시니 스바하, 나무치를 스바하, 폭풍 속에서 스바하,

신속히 스바하.

4. 신묘장구대다라니진언
(神妙章句大陀羅尼眞言)

आर्यावलोकितेश्वराया महा कारुन धरनि

Āryavalokiteśvarayā Mahā Kāruna Dharāni

아르야발로키테스바라야 마하 카루나 다라니

신묘장구대다라니진언(神妙章句大陀羅尼眞言)

'아발로키데스바라 마하 카루나 다라니(Āryavalokiteśvarayā Mahā Kāruna Dharāni)' 즉, 신묘장구대다라니(神妙章句大陀羅尼) 는 천수경(千手經)에 들어 있는 중요한 만트라 또는 진언(眞言)으로서 천수경의 중심이자 핵심으로 알려져 있다.

관세음보살께서는 신묘장구대다라니에는 신묘한 힘이 있어 누구나 간절히 이 대다라니를 계속적으로 반복해서 외우고, 낭송하거나 지송(持誦)하면, 그 뜻하는 바를 원하는 대로 얻을 것이라고 하였다.

또한 이 다라니는 신기하고 미묘하며, 불가사의한 내용을 담고있는 거대하고 위대한 뜻이 언제나 간직 되고 잊어버려지지 않는다고 하여 총지(總持)라고도 하였다. 다라니는 원래 마음을 '하나로 모으는' 또는 '집중하는' 이라는 뜻의 산스크리트어 '다라나' 로부터 유래된 말인데, 이것이 불교에서는 전체적인 것을 내포하는 의미로 발전 되었다.

이 신묘장구대다라니에 대해 삼장법사인 현장(玄奘)스님은 이 다라니는 심오한 것이라고 하여 번역을 하지 않았으며, 인도스님이자 삼장법사인 불공((不空-아모가바즈라)스님 또한 그런 의미에서 이 다라니의 일부만을 번역하였다.

신묘장구대다라니는 인도, 티베트, 중국, 한국, 일본 등에서 여러 종류의 다라니로 존재한다. 티베트에는 49구 대비주(大悲呪), 일명 십일면관음주(十一面觀音呪)가 있으며, 중국에는 84구 대비주인 천수천안관세음보살광대원무애대비심근본다라니경(千手千眼觀自在 菩薩廣大圓滿無崖大悲心大陀羅尼經)과 금강지삼장법사(金剛智三藏 法師)번역본인 천수천안관세음보살광대원무애대비심근본다라니주(千 手千眼觀自在菩薩廣大圓滿無崖大悲心大陀羅尼呪) 113구의 대비주가 있다.

티베트의 49구 대비주에서는 십일면관음을을 칭송하였고, 중국의 84구 대비주는 관세음보살을 칭송하였으며, 113구 대비주는 닐라칸라다라니라고도 하는데 당나라 시대의 삼장법사 현장스님이 직접 인도에서 가져온 다라니로서 지금의 우리나라에서 천수경에 쓰는 신묘장구대다라니와 유사하다.

관세음보살의 핵심인 신묘장구대다라니경은 천수경이라고 불리는 경전 즉, 천수천안관자재보살광대원무애대비심근본다라니경(千手千 眼觀自在菩薩廣大圓滿無崖大悲心大陀羅尼經), 산스크리트어로는 '사하스라라부자사하스라라네트라'에 있는 만트라이자 다라니이며 주문(呪文)이다.

『신묘장구대다라니』의 산스크리트 본문

नमो रत्नत्रयाय ॥

Namo ratna trayāya

나모 라트나트라야야 ||

नमः आर्यावलोकितेश्वाराय बोधिसत्त्वाय
महासत्त्वाय महाकारुणिकाय ।

Namaḥ aryaḥ avalokiteśvāraya bodhisattvāya
Mahāsattvāya mahākāruṇikaya

나마흐 아르야발로키테스바라야 보디사뜨바야
마하사뜨바야 마하카루니카야|

ॐ सर्व भयेषु त्राण कराय तस्मै नमः
कृत्वैमम् आर्यावलोकितेश्वर तव ।

OM sarvābhayeṣu Trāṇakaraya tasmai Namaḥ
skṛtvāīmām aryāvalokiteśvāra tava

옴 사르바 바예수 트라나 카라야 타스마이 나마흐
크리트바이맘 아르야발로키테스바라 타밤|

लिकठ नमः हृदयमवर्तयिष्यामि ।

Nīlakaṇṭha namaḥ hṛdayam avartayiṣyāmi

닐라칸타 나마흐 흐리다 야마바르타이쉬야미|

सर्वार्थासधनाम् शुभम् अजेयं
सर्वभूतानां भव मार्ग विशुधकं तद्यथा ॥

Sarvārthā sadhanām śubham ajeyaṁ
Sarvābhūtānāṁ bhava marga viśudhakaṁ Tad yathā

사르바르타 사다남 수밤 아제얌
사르바부타남 바바 마르가 비수다캄 타드 야타 ||

ॐ आलोके आलोकमति लोकातिक्रान्ते हे हे
हारे ।

OM aloke alokemati lokātikrānte he he hāre

옴 알로케 알로카마티 로카티크란테 흐예 흐예 하레 |

महाबोधिसत्त्व स्मर स्मर हृदयम् ।

Mahā bodhisattvā smara smara hṛdayam

마하 보디사뜨바 스마라 스마라 흐리다얌 |

कुरु कुरु कर्म साधय साधय
धुरु धुरु वियान्ते महावियान्ते ॥

Kuru kuru karma sādhaya sādhaya
Dhuru dhuru viyānte mahāviyānte

쿠루 쿠루 카르마 사다야 사다야
두루 두루 비얀테 마하비얀테 ||

धर धर धरनीम्दरे श्वार ।
चल चल मल्ल विमल अमलमूर्ते ।
एहे एहे ।

Dara dara daranimdareśvāra

Cala cala mala vimala amalamūrte

Ehye hye

다라 다라 다라님다레스바라 |

찰라 찰라 말라 비말라 아말라무르테 |

에헤 에헤 |

लोकेश्वार राग विष विनाशय
द्वेष विष विनाशय मोहा जाल विष विनाशय ।

Lokeśvārā rāga viṣa vināśaya

Dveṣa viṣa vināśaya mohājāla viṣa vināśaya

로케스바라 라가 비샤 비나사야

드베샤 비샤 비나사야 모하잘라 비샤 비나사야 |

हुरु हुरु मल्ल हुरु हरे पद्मानाभा
सारसार श्रिश्रिस्रुस्रु बुद्धय बुद्धय
बोधय बोधय ।

Huru huru mala huru hare padmanābhā

Sāra sāra śiri śiri sru sru buddhya buddhya

Bodhaya bodhaya

후루 후루 말라 후루 하레 파드마나바
사라사라 스리스리 스루스루 부뜨야 부뜨야
보다야 보다야|

मैत्रीय नीलकठ कामस्य दर्शनम्
प्रह्लादाय मनः स्वाहा सिद्धाय स्वाहा ।
Maitrīya nīlakaṇṭha kamasya darśanam
Prahladaya mānaḥ svāhā siddāya svāhā
마이트리야 닐라칸타 카마스야 다르사남
프라흘라다야 마나흐 스바하 시따야 스바하|

महा सिद्धाय स्वाहा ।
Mahā siddāya svāhā
마하 시따야 스바하|

सिद्धा योगेश्वारय स्वाहा ।
Siddhā yogeśvāraya svāhā
시따 요게스바라 스바하|

नीलकठय स्वाहा ।
Nīlakaṇṭha svāhā
닐라칸타야 스바하|

वरह मुख सिंह मुखय स्वाहा ।

Varaha mukha simha mukhaya svāhā

바라하 무카 심하 무카야 스바하 |

पद्मा हस्ताय स्वाहा ।

Padmā hastāya svāhā

파드마 하스타야 스바하 |

चक्र युय स्वाहा ।

Cakra yuktaya svāhā

차크라 육타야 스바하 |

शङ्खशब्दनि बोधनाय स्वाहा ।

Śaṅkha śabdni bodhanāya svāhā

상카 사브다니 보다나야 스바하 |

महा लकुटा धरय स्वाहा ।

Mahā lakuṭā dhraya svāhā

마하 라쿠타 다라야 스바하 |

310

वाम स्कान्धः देशः स्थित कृष्णाजिनाय स्वाहा ।

Vāma skāndhaḥ deśaḥ stitha kṛṣṇajināya svāhā

바마 스칸다흐 데샤흐 스티타 크리쉬나지나야 스바하|

घ्रचर्म निवसनाय स्वाहा ।

Vyāghra carma nivasanāy svāhā

브야그라 차르마 니바사나야 스바하|

नमो रत्न त्रयाय नम आर्यवलोकितेश्वारय स्वाहा ॥

Namo ratna trayāya nama āryavalokiteśvāraya svāhā

나모 라트나 트라야야 나마 아르야발로키테스바라야 스바하||

『신묘장구대다라니』의 한자어 한글표기

나모라 다나다라 야야
나막알약 바로기제 새바라야 모지사다바야
마하 사다바야마하가로 나가야
옴살바바예수 다라나가라야 다사명 나막
까리다바 이맘알야 바로기제 새바라다바
니라간타 나막하리나야 마발다 이사미
살발타 사다남 수반아예염
살바보다남 바바말야 미수다감 다냐타
옴 아로계 아로가 마지로가 지가란제
혜혜하례
마하모지사다바 사마라 사마라 하리나야
구로 구로 갈마 사다야 사다야
도로도로 미연제 마하미연제
다라다라 다린나례 세바라
자라자라 마라 미마라 아마라 몰제 예혜혜
로계 새바라 라야 미사미 나사야
나베 사미사미 나사야 모하자라 미사미 나사야
호로호로 마라호로 하례 바나마 나바
사라사라 시리시리 소로소로 못쟈못쟈
모다야 모다야
메다리야 니라간타 가마사 닐사남
바라 하라나야 마낙 사바하 신다야 사바하
마하 신다야 사바하
신다유예 새바라야 사바하

니라간타야 사바하

바라하 목카 싱하 목카야 사바하

바나마 하따야 사바하

자가라 욕다야 사바하

상카섭나녜 모다나야 사바하

마하라 쿠타다라야 사바하

바마 사간다 이사시체나 가릿나 이나야 사바하

먀가라잘마 아바사나야 사바하

나모라 다나다라 야야 나막알야 바로기제 새바라야 사바하

『신묘장구대다라니』의 한글 해석

삼보(三寶)에 귀의합니다.

거룩하신 관세음보살님, 대자대비(大慈大悲)하신 관세음보살님께 귀의합니다.

옴, 우주 본질 일체의 공포로부터 지켜주시는 그대, 이제 성스러운 관자재보살님께 귀의하여 거룩하신 위신력이 펼쳐집니다.

마음속 깊이 청정성존인 관자재보살에게 자신을 내맡겨 마음속 깊이 진언을 반복하옵니다.

이 진언은 모두를 이롭게 하는 경지를 성취할 것이며,

지고의 최고의 행운의 경지에 올라 일체 이 세상에 출현한 중생들을 정도(正道)로 이끌어 청정의 길로 나아가게 하는 것이옵니다.

옴, 내면세계 빛이여, 내면세계 빛의 통찰자이시여,

세상을 넘어서는 초월자이신 관세음이시여,

오! 끊임없이 정진 하겠나이다, 따르겠나이다.

대보살님이시여, 기억해주소서, 언제나 마음에 새겨 주소서.

행할 바를 행해주소서. 위대한 승리자이신 관세음이시여,

항상 우리를 보호해주소서.

보호자이시며 자재자이신 관세음이시여,

순수하며 흠이 없고 청정하게 화현(化現)하셨으며,

일체 번뇌로부터 해탈하신 관세음이시여, 어서 빨리 나투어 주소서.

세상의 자재자이신 관세음이시여,

탐욕(貪)의 독심(毒心)을 끊어 주소서,

진심(瞋心)인 분노와 증오의 독심을 끊어 주소서,

치심(癡心)인 어리석음의 독심을 끊어 주소서.

몸의 중심인 배꼽에서 연꽃이 피어나시는 관세음이시여,

순수하지 않음을 제거해 주소서, 내려오소서, 내려오소서,
아래로 오소서, 아래로 오소서, 드러 나소서 드러 나소서.
지혜의 깨달음을 얻게 하소서.

자애로우시며 푸른 목을 지니신 청경관음(靑頸觀音) 이시여,
애욕으로부터 벗어 나도록 지켜주시고 힘을 주소서,
원(願)하는 이들이 모든 것을 이루고 성취케 하소서.
대성취존(大成就尊)이시여, 성취케 하소서.
최고의 수행을 완성하신 자재자(自在者)이시여, 성취케 하소서.
청경성존(靑頸聖尊)이시여, 성취케 하소서.
멧돼지 형상으로 나투시고,
사자 형상으로 나투신 관세음보살이시여, 성취케 하소서.

연꽃을 지니신 관음이시여, 성취케 하소서.
원반(圓盤) 또는 진리의 바퀴(法輪)를 드신 관음이시여,
성취케 하소서.
진리의 소리인 법라(法螺))로 깨닫게 하시는 관음이시여,
성취하게 하소서.
커다란 금강저(金剛杵) 지니신 관음이시여, 성취하게 하소서.
왼쪽 어깨에 검은 서상(瑞相)을 하신 관음이시여, 성취하게 하소서.
호랑이 가죽 옷을 두른 관음이시여, 성취하게 하소서.

삼보(三寶)에 귀의하옵나니, 관음대성존(觀音大聖尊)이시여,
성취하게 하소서.

5. 관세음보살42수진언
(觀世音菩薩四十二手眞言)

आर्यावलोकितेश्वराया
द्विचत्वरिंशत् मुद्रा धरनि

Āryavalokiteśvārayā Dvicatvārimśat Mudrā
Dharāni

아르야발로키테스바라야 드비차트바림사트 무드라
다라니

관세음보살 42수 진언(觀世音菩薩 四十二手 眞言)

대부분의 불교경전이 그러하듯이 산스크리트 원본은 전하지 않으며 산스크리트어를 실담어로 판각한 경전에는 전하여지는데, 이 경전은 관음보살주경(觀音菩薩呪經)으로 알려져 있다. 활자본 1권이 전해지며 이 경전은 1476년 조선시대의 성종 7년에 간행하였다.

원래의책이름은천수천안관자재보살광대원만무애대자심대다라니계청(千手千眼觀自在菩薩廣大圓滿無碍大慈心大陀羅尼啓請)이며, 천수경(千手經), 화천수(畵千手)라고도 한다. 42가지 석가의 말씀인 42수진언(四十二手眞言)을 설명하고 진언의 상단에는 그 내용을 그림으로 표현하였다.

여기에 나오는 산스크리트의 원본이 없기에 최대한 실담어에서 표기된 단어와 한글의 발음을 살려 진언 또는 만트라에 가까운 발음을 골라 표기하여 보았다. 정확하게 말한다면 실담어와 한글로 된 진언을 유추하여 이 42수의 진언을 최대한 다시 산스크리트로 채색하였다.

『관세음보살 42수 진언』 제목

1. 관세음보살 여의주수 진언(觀世音菩薩 如意珠手 眞言)
   - 재물을 얻는 진언

2. 관세음보살 견색수 진언(觀世音菩薩 絹索手 眞言)
   - 평안을 얻는 진언

3. 관세음보살 보발수 진언 (觀世音菩薩 寶鉢手 眞言)
   - 속병을 없애는 진언

4. 관세음보살 보검수 진언(觀世音菩薩 寶劍手 眞言)
   - 귀신을 물리치는 진언

5. 관세음보살 발절라수 진언 (觀世音菩薩 跋折羅手 眞言)
   - 외도(外道)를 물리치는 진언

6. 관세음보살 금강저수 진언(觀世音菩薩 金剛杵手 眞言)
   - 원적(原敵)을 물리치는 진언

7. 관세음보살 시무외수 진언(觀世音菩薩 施無畏手 眞言)
   - 공포를 물리치는 진언

8. 관세음보살 일정마니수 진언(觀世音菩薩 日精摩尼手 眞言)
　• 광명을 얻는 진언

9. 관세음보살 월정마니수 진언(觀世音菩薩 月精摩尼手 眞言)
　• 열병을 낫게 하는 진언

10. 관세음보살 보궁수 진언(觀世音菩薩 寶弓手 眞言)
　• 좋은 벼슬을 얻는 진언

11. 관세음보살 보전수 진언(觀世音菩薩 寶箭手 眞言)
　• 좋은 벗을 얻는 진언

12. 관세음보살 양류지수 지언(觀世音菩薩 楊柳枝手 眞言)
　• 여러 병마를 없애는 진언

13. 관세음보살 백불수 진언(觀世音菩薩 白拂手 眞言)
　• 모든 악한 일을 없애는 진언

14. 관세음보살 보병수 진언 (觀世音菩薩 寶瓶手 眞言)
　• 주위사람을 좋게 하는 진언

15. 관세음보살 방패수 진언(觀世音菩薩 防牌手 眞言)
　• 악한 짐승을 물리치는 진언

16. 관세음보살 월부수 진언(觀世音菩薩 鉞斧手 眞言)
   • 관재(官災)를 벗어나는 진언

17. 관세음보살 옥환수 진언(觀世音菩薩 玉環手 眞言)
   • 자식과 충복을 얻는 진언

18. 관세음보살 백련화수 진언(觀世音菩薩 白蓮花手 眞言)
   • 여러 공덕성취 진언

19. 관세음보살 청련화수 진언(觀世音菩薩 靑蓮花手 眞言)
   • 서방정토에 태어나는 진언

20. 관세음보살 보경수 진언(觀世音菩薩 寶鏡手 眞言)
   • 지혜를 얻는 진언

21. 관세음보살 자련화수 진언(觀世音菩薩 紫蓮花手 眞言)
   • 부처님을 뵙는 진언

22. 관세음보살 보협수 진언(觀世音菩薩 寶篋手 眞言)
   • 땅속의 보물을 얻는 진언

23. 관세음보살 오색운수 진언(觀世音菩薩 五色雲手 眞言)
   • 신선의 도를 얻는 진언

24. 관세음보살 군지수 진언(觀世音菩薩 君遲手 眞言)
  • 범천(梵天)에 태어나는 진언

25. 관세음보살 홍련화수 진언(觀世音菩薩 紅連花手 眞言)
  • 제천궁(諸天宮)에 태어나는 진언

26. 관세음보살 보극수 진언(觀世音菩薩 寶戟手 眞言)
  • 몰려오는 적군을 물리치는 진언

27. 관세음보살 보라수 진언(觀世音菩薩 寶螺手 眞言)
  • 제천선신들을 불러보는 진언

28. 관세음보살 촉루장수 진언(觀世音菩薩 觸髏杖手 眞言)
  • 귀신을 부리는 진언

29. 관세음보살 수주수 진언(觀世音菩薩 數珠手 眞言)
  • 모든 부처님과 연을 맺는 것

30. 관세음보살 보탁수 진언(觀世音菩薩 寶鐸手 眞言)
  • 미묘한 법음을 성취하는 진언

31. 관세음보살 보인수 진언(觀世音菩薩 寶印手 眞言)
  • 말을 잘하게 하는 진언

32. 관세음보살 구시철구수 진언(觀世音菩薩 俱尸鐵鉤手 眞言)
   • 신선과 용왕에 도움을 구하는 진언

33. 관세음보살 석장수 진언(觀世音菩薩 錫杖手 眞言)
   • 자비심을 베푸는 진언

34. 관세음보살 합장수 진언(觀世音菩薩 合掌手 眞言)
   • 서로 공경 하게 하는 진언

35. 관세음보살 화불수 진언(觀世音菩薩 化佛手 眞言)
   • 부처님 곁에 머무는 진언

36. 관세음보살 화궁전수 진언(觀世音菩薩 化宮殿手 眞言)
   • 항상 정토에서 인간으로 환생하지 않는 진언

37. 관세음보살 보경수 진언(觀世音菩薩 寶經手 眞言)
   • 만법(萬法)을 얻는 진언

38. 관세음보살 불퇴금륜수 진언(觀世音菩薩 不退金輪手 眞言)
   • 깨달음을 얻는 진언

39. 관세음보살 정상화불수 진언(觀世音菩薩 頂上化佛手 眞言)
   • 모든 부처님의 마정수기(摩頂授記)를 얻는 진언

40. 관세음보살 포도수 진언(觀世音菩薩 葡萄手 眞言)
 • 곡식과 과일이 번성케 하는 진언

41. 관세음보살 감로수 진언(觀世音菩薩 甘露手 眞言)
 • 목마름에서 벗어나는 진언

42. 관세음보살 총섭천비수 진언(觀世音菩薩 總攝千臂手 眞言)
 • 모든 마구니를 물리치는 진언

1. 관세음보살 여의주수 진언
(觀世音菩薩 如意珠手 眞言)

재물을 얻는 진언

• 가지가지 보배재물을 갖추어 부유하고자 할 때

• ॐ वज्र वतार हुं पत्
• OM VajrāVatāra Hūm Phat
• 옴 바즈라 바타라 훔 파트
• 옴 바아라 바다라 훔 바탁

2. 관세음보살 견색수 진언 (觀世音菩薩 絹索手 眞言)

평안을 얻는 진언

• 가지가지 불안으로 안락을 구할 때

• ॐ गिरिगिलर वराउद्र हुां पत्

• OM Kīlīkīlara Varāudra Hūm Phat

• 옴 끼리끼라라 바라우드라 훔 파트

• 옴 기리라라 모나라 훔 바탁

3. 관세음보살 보발수 진언
(觀世音菩薩 寶鉢手 眞言)

속병을 없애는 진언
- 뱃속의 모든 질병을 없애려고 할 때

- ॐ गिरिगिरि वज्र हुं पत्
- OM Kīlīkīli Vajra Hūm Phat
- 옴 끼리끼리 바즈라 훔 파트
- 옴 기리기리 바아라 훔 바탁

4. 관세음보살 보검수 진언
(觀世音菩薩 寶劍手 眞言)

귀신을 물리치는 진언

• 모든 도깨비 귀신에게 항복을 받으려면

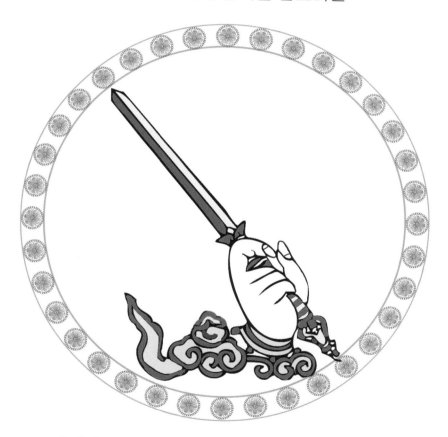

• ॐ तेजेतेज सिविनि सिद्दे सधय हुं पट्
• OM Tejeteja Sīvīnī Sīdde Sadhaya Hūm Phat
• 옴 떼제 자 시비니 시떼 사다야 훔 파트
• 옴 제세제야 도미니 도제 사다야 훔 바탁

5. 관세음보살 발절라수 진언
(觀世音菩薩 跋折羅手 眞言)

외도(外道)를 물리치는 진언
- 모든 천마외도(天魔外道)에게 항복을 받으려 할 때

- ॐ दिप्य दिप्य दिपय महा र्ेये स्वाहा
- OM Dīpya Dīpya Dīpaya mahāŚrye Svāhā
- 옴 디프야 디프야 디파야 마하 스르예 스바하
- 옴 이베 이베 이파야 마하 시리예사바하

6. 관세음보살 금강저수 진언
(觀世音菩薩 金剛杵手 眞言)

원적(原敵)을 물리치는 진언

• 모든 원적을 물리치고 항복 받을 때

• ॐ वय गनिप्र दिप्तय स्वाहा
• OM Vajrā Gnipra Diptaya Svāhā
• 옴 바즈라 그니프라 디프타야 스바하
• 옴 바아라 아니바라 닙다야 사바하

7. 관세음보살 시무외수 진언
(觀世音菩薩 施無畏手 眞言)

공포를 물리치는 진언
- 모든 공포와 두려움을 물리치려 할 때

- ॐ ज्वलनय दिप्तय हुं पत्
- OM Jvalanaya Diptaya Hūm Phat
- 옴 즈바라나야 디프타야 훔 파트
- 옴 아라나야 훔 파탁

8. 관세음보살 일정마니수 진언
(觀世音菩薩 日精摩尼手 眞言)

광명을 얻는 진언

* 눈이 어두워 광명을 얻으려면

* ॐ दुापिदुापिकिय दुापिप्रज्वरि स्वाहा
* OM Dhūpīdhūpīkaya Dhūpīpra JvarīSvāhā
* 옴 두피두피카야 두피프라 즈바리 스바하
* 옴 도비가야 도비바라 바리니 사바하

9. 관세음보살 월정마니수 진언
(觀世音菩薩 月精摩尼手 眞言)

열병을 낫게 하는 진언

- 열병으로 청량함을 원할 때

- ॐ सुसिद्धि करि स्वाहा
- OM Sūsīddhī Karī Svāhā
- 옴 수시띠 까리 스바하
- 옴 소싯지 아리 사바하

10. 관세음보살 보궁수 진언
(觀世音菩薩 寶弓手 眞言)

좋은 벼슬을 얻는 진언

• 영화로운 벼슬을 구할 때

• ॐ अचलविरे स्वाहा

• OM Acharavīre Svāhā

• 옴 아차라위레 스바하

• 옴 아자미레 사바하

11. 관세음보살 보전수 진언
(觀世音菩薩 寶箭手 眞言)

좋은 벗을 얻는 진언

• 착하고 좋은 벗을 일찍 만나려 할 때

• ॐ कमर स्वाहा

• OM Kamala Svāhā

• 옴 카마라 스바하

• 옴 가마라 사바하

12. 관세음보살 양류지수 진언
(觀世音菩薩 楊柳枝手 眞言)
여러 병마를 없애는 진언
* 가지가지의 몸의 병을 없애려 할 때

* ॐ सुसिद्धि करिज्वलतनंत मुरित्तये ज्वर ज्वर बन्ध बन्ध हन हन हुं पत्
* OM Sūsīddhī Karījvalatanamta Murittaye Jvara Jvara Bandha Bandha Hana Hana Hūm Phat
* 옴 수시띠 카리즈바라타남타 무리따예 즈바라 즈바라 반다 반다 하나 하나 훔 파트
* 옴 소싯지 가리바리 다남타 목다에 바아라 바아라 반다 반다 하나 하나 훔 바탁

13. 관세음보살 백불수 진언
(觀世音菩薩 白拂手 眞言)
모든 악한 일을 없애는 진언
- 악한 장애곤란을 소멸하려 할 때

- ॐ पद्मने भगवति मेहय मेहय जग महुमनि स्वाहा
- OM Padmane Bhagavatī Mohaya Mohaya Jaga MahumanīSvāhā
- 옴 파드마네 바가바티 모하야 모하야 자가 마후마니 스바하
- 옴 바나미니 바아바제 모하야 야아 모하니 사바하

14. 관세음보살 보병수 진언
(觀世音菩薩 寶瓶手 眞言)

일체의 권속(眷屬)을 화합시키는 진언

• 모든 사람을 화합하게 할 때

• ॐ गरे संमंयं सवह

• OM Samkare Samayam Svāhā

• 옴 삼카레 사마얌 스바하

• 옴 아예 삼맘염 사바하

15. 관세음보살 방패수 진언
(觀世音菩薩 防牌手 眞言)

악한 짐승을 물리치는 진언

• 무서운 짐승들을 물리칠 때

• ॐ यक्स नध्य कत्रधनु प्रिय पसा पसा स्वाहा
• OM Yaksa Nadhaya Katra Dhanu Prīya Pasā Pasā Svāhā
• 옴 사 나다야 카트라 다누 프리야 파사 파사 스바하
• 옴 약삼 나다야 사짠라 다두 발야 바사 바사 사바하

16. 관세음보살 월부수 진언
(觀世音菩薩 鉞斧手 眞言)

관재(官災)를 벗어나는 진언

• 관재를 벗어나려고 할 때

• ॐ वीर वीरय स्वाहा

• OM Vīra Vīraya Svāhā

• 옴 비라 비라야 스바하

• 옴 미라야 미라야 사바하

17. 관세음보살 옥환수 진언
(觀世音菩薩 玉環手 眞言)

자식과 충복을 얻는 진언
 • 자식을 얻거나 충복의 사람을 원할 때

• ॐ पद्म वीरये स्वाहा
• OM Padma Vīraya Svāhā
• 옴 파드마 비라야 스바하
• 옴 바아맘 미라야 사바하

18. 관세음보살 백련화수 진언
(觀世音菩薩 白蓮花手 眞言)

여러 공덕 성취 진언

• 여러 공덕(功德)을 성취하려 할 때

• ॐ वग्र विारय स्वाहा

• OM Vajra Vīraya Svāhā

• 옴 바즈라 비라야 스바하

• 옴 바아라 미라야 사바하

19. 관세음보살 청련화수 진언
(觀世音菩薩 靑蓮花手 眞言)

시방정토에 태어나는 진언
- 시방정토에 태어나길 원할 때

- ॐ करीकरी वज्र वज्री भुरभनु हुं पत्
- OM KarīkarīVajra Vajrī Bhūrabhanu Hūm Phat
- 옴 카리카리 바즈라 바즈리 부라바누 훔 파트
- 옴 기리기리 바아라 불반다 훔 바탁

20. 관세음보살 보경수 진언
(觀世音菩薩 寶鏡手 眞言)

지혜를 얻는 진언

• 큰 지혜를 얻으려면

• ॐ विास्फुरद् रक्ष वय्र पंजर हुां पत्

• OM Vīsphurad Raksa Vajra Pamjara Hūm Phat

• 옴 비스푸라드 락사 바즈라 팜자라 훔 파트)

• 옴 미보라 라악사 바아라 만다라 훔 바탁

21. 관세음보살 자련화수 진언
(觀世音菩薩 紫蓮花手 眞言)

부처님을 뵙는 진언
- 시방세계의 부처님을 보려 할 때

- ॐ सरसर वज्र प्रकार हुां पत्
- OM Sarasara Vajra Prakāra Hūm Phat
- 옴 사라사라 바즈라 프라카라 훔 파트
- 옴 사라사라 바아라 가라 훔 바탁

22. 관세음보살 보협수 진언
(觀世音菩薩 寶篋手 眞言)

땅속의 보물을 얻는 진언

• 땅속의 보물을 얻으려고 할 때

• ॐ वज्र पहः गगन मल हुं

• OM Vajra Pahr Gagana Mala Hūm

• 옴 바즈라 파흐르 가가나 마라 훔

• 옴 바아라 바사가리 아나맘나 훔

23. 관세음보살 오색운수 진언
(觀世音菩薩 五色雲手 眞言)

신선의 도를 얻는 진언

• 신선의 도를 구하려고 할 때

• ॐ वग्र कालिरत् मत्

• OM Vajra Kālirat Mat

• 옴 바즈라 카리라트 마트

• 옴 바아라 가리라타 맘타

24. 관세음보살 군지수 진언
(觀世音菩薩 軍遲手 眞言)

범천(梵天)에 태어나는 진언

• 범천에 태어나길 원할 때

• ॐ वज्र शिखररुत मत्

• OM Vajra Sīkhararūta Mat

• 옴 바즈라 시카라루타 마트

• 옴 바아라 사가로타 맘타

25. 관세음보살 홍련화수 진언
(觀世音菩薩 紅蓮花手 眞言)

제천궁(諸天宮)에 태어나는 진언
- 모든 천궁에 태어나길 원할 때

- ॐ संकरे समयं स्वाहा
- OM Samkare Samayam Svāhā
- 옴 삼카레 사마얌 스바하
- 옴 상아례 사바하

26. 관세음보살 보극수 진언
(觀世音菩薩 寶戟手 眞言)

몰려오는 역적을 물리치는 진언

* 역적이 몰려올 때 하는 진언

· ॐ असमं गीनिह्र हुं पत्

* OM Asamam Gīnihr Hūm Phat

* 옴 아사맘 기니흐르 훔 파트

* 옴 삼매야 기니하리 훔 바탁

27. 관세음보살 보라수 진언
(觀世音菩薩 寶螺手 眞言)

제천선신(諸天善神)들을 불러보는 진언
* 모든 제천선신들을 부를 때

* ॐ संकरे मह संमयं स्वाहा
* OM Samkare Maha Samayam Svāhā
* 옴 삼카레 마하 사마얌 스바하
* 옴 상아례 마하 삼만염 사바하

28. 관세음보살 촉루장수 진언
(觀世音菩薩 髑髏杖手 眞言)

귀신을 다루려는 진언

- 귀신을 부리려면

- ॐ धुन वज्र हा
- OM Dhūna Vajra hā
- 옴 두나 바즈라 하
- 옴 도나 바아라 학

29. 관세음보살 수주수 진언
(觀世音菩薩 數珠手 眞言)
모든 부처님과 연을 맺는 것
- 시방의 부처님과 연결하는 것

· नमे रन्नत्रयाय ॐ अद्भुते वीजये सिद्धि सिद्दिर्थे स्वाहा

- Namo Ratnatrayāya OM Adbhute Vījaye SiddhīSiddharthe Svāhā
- 나모 라트나트라야야 옴 아드부테 비자예 시띠 시따르테 스바하
- 나모라 다나다라야야 옴 아나바제 미아예 싯디 싯달제 사바하

30. 관세음보살 보탁수 진언
(觀世音菩薩 寶鐸手 眞言)
미묘한 범음(梵音)을 성취하는 진언
- 미묘한 범음을 취하려 할 때

- नमे पद्मपनये ॐ अमृत गमे क्षाये क्षा मलिनि स्वाहा
- Namo Padma Panaye OM Amrta Game Śrīye Śrī Malīnī Svāhā
- 나모 파드마 파나예 옴 암리타 가메 스리예 스리 마리니 스바하
- 나모 바나맘 바나예 옴 아미리 담암베 시리예 시리탐리니 사바하

31. 관세음보살 보인수 진언
(觀世音菩薩 寶印手 眞言)

말을 잘하게 하는 진언

• 언변과 언사가 뛰어나려면

• ॐ वज्र जितं जये स्वाहा
• OM Vajra Jītam Jaye Svāhā
• 옴 바즈라 지탐 자예 스바하
• 옴 바아란녜 담아예 사바하

32. 관세음보살 구시철구수 진언
(觀世音菩薩 俱尸鐵鉤手 眞言)

신(神)과 용왕(龍王)에 도움을 구하는 진언

• 신과 용왕의 옹호를 원할 때

• ૐ अर्गातर ग्र विासये नमः स्वाहा
• OM Agārtara Gra Vīsaye Nama: Svāhā
• 옴 아가르타라 그라 비사예 나마흐 스바하
• 옴 아가로 다라가라 미사예 나모 사바하

33. 관세음보살 석장수 진언
(觀世音菩薩 錫杖手 眞言)

자비심을 베푸는 진언
- 자비심으로 중생을 보호

- ॐ नृती नृती नृतपानि नृते नृत्य पने हुं पत्
- OM Nrtī NrtīNrtapani Nrte Nrtya Pane Hūm Phat
- 옴 느르티 느르티 느르타파니 느르테 느르트야 파네 훔 파트
- 옴 날지날지 날타바지 날제 나야바니 훔 바탁

34. 관세음보살 합장수 진언
(觀世音菩薩 合掌手 眞言)

서로 공경 하게 하는 진언

- 모든 귀신, 동물, 사람 아닌 것의 공경

- ॐ पद्मं जलिं ह्रीः
- OM Padmam Jalim Hrih:
- 옴 파드맘 자림 흐리흐
- 옴 바나맘 아림 하리

35. 관세음보살 화불수 진언
(觀世音菩薩 化佛手 眞言)

부처님 곁에 머무는 진언

• 태어나는 곳마다 부처님과 함께 서원

• ॐ चन्द्रभमन्तुली घ्रनि घ्रनि हुं पट्

• OM Candra Bhamantulī Ghrni Ghrni Hūm Phat

• 옴 찬드라 바만투리 그르니 그르니 훔 파트

• 옴 전나라 바맘타이 가리나기리 나기리니 훔 바탁

36. 관세음보살 화궁전수 진언
(觀世音菩薩 化宮殿手 眞言)

항상 정토에서 인간으로 환생하지 않는 진언

- 부처님 궁전에 머뭄

- ॐ विसर विसर हुं पत्
- OM Vīsara Vīsara Hūm Phat
- 옴 비사라 비사라 훔 파트
- 옴 미사라 미사라 훔 바탁

37. 관세음보살 보경수 진언
(觀世音菩薩 寶經手 眞言)

만법(萬法)을 얻는 진언

- 많이 듣고 배우려 할 때

- ॐ अहर सर्व विद्य धर पुजिते स्वाहा
- OM Ahara Sarva Vīdya Dhara Pujite Svāhā
- 옴 아하라 사르바 비드야 다라 푸지테 스바하
- 옴 아하라 살바미냐 다라 바니데 사바하

38. 관세음보살 불퇴금륜수 진언
(觀世音菩薩 不退金輪手 眞言)

깨달음을 얻는 진언

• 성불까지 보리심을 잃지 않으려 할 때

• ॐ चेदेमानि स्वाहा

• OM Cedemīnī Svāhā

• 옴 체데미니 스바하

• 옴 서나미자 사바하

39. 관세음보살 정상화불수 진언
(觀世音菩薩 頂上化佛手 眞言)

모든 부처님의 마정수기(摩頂授記)를 얻는 진언
- 시방의 부처님이 속히 와서 정수리를 만져 주시고
  수기 해 주기를 원할 때

- ॐ वज्रीनि वज्रंगे स्वाहा
- OM Vajrīnī Vajramge Svāhā
- 옴 바즈리니 바즈람게 스바하
- 옴 바아라니 바아람예 사바하

40. 관세음보살 포도수 진언
(觀世音菩薩 葡萄手 眞言)

곡식과 과일이 번성케 하는 진언

• 오곡백과가 풍성하길 기원할 때

• ॐ अमर कंतितेजिानि स्वाहा

• OM Amala Kamtītejīnī Svāhā

• 옴 아마라 캄티테지니 스바하

• 옴 아마라 감제니니 사바하

41. 관세음보살 감로수 진언
(觀世音菩薩 甘露手 眞言)

목마름에서 벗어나는 진언

- 모든 중생이 기갈에서 벗어나서 청량함을 얻으려 할 때

- ॐ सुरुसु प्रसुरु प्रसुरु सुरुसुरुय स्वाहा
- OM Surusuru Prasuru Prasuru Surusuruya Svāhā
- 옴 수루수루 프라수루 프라수루 수루수루야 스바하
- 옴 소로소로 바라소로 바라소로 소로소로야 사바하

42. 관세음보살 총섭천비수 진언
(觀世音菩薩 總攝千臂手 眞言)
모든 마구니를 물리치는 진언
- 모든 마귀들의 항복을 받는 것

- ॐ तद्यथा वलोकितेश्वराय सर्वदुस्त उाहमीाय स्वाहा
- OM Tadyathā Valokiteśvarāya Ūhamīya Svāhā
- 옴 타드야타 발로키테스바라야 사르바두스타 우하미야 스바하
- 옴 다냐타 바로기제세바라야 살바도타 오하야미 사바하

부록

- 용어 찾기
- 산스크리트 발음
- 실담어(悉曇語) 발음

용어 찾기

가

가야트리(Gayatri): 인도 최초의 경전 리그베다에 나오는 만트라 또는 진언

가하 상타라니하(Gaha Sangtaraniha): 매일을 극복한 이

가하 하레뱌하(Gaha Harebaya): 매일을 끊는 이들

감로: 산스크리트어로 암리타(Amrita)이며 불로, 불사의 성스러운 액체, 또는 정신적인 의식을 말하기도 한다.

건달바(乾闥婆): 줄인 말로는 건달(乾闥) 또는 달바(闥婆)이며 산스크리트어의 간다르바(Gandharva)에서 음사한 것이며 식향(食香)이나 심향(尋香) 또는 향음(香陰)으로 번역하였으며 인드라 신인 제석(帝釋)을 섬기며 음악을 연주하는 신(神)으로 향기만을 먹고 산다 고 한다

관음(觀音): 관음 보살이며 산스크리트어로 아발로키데스바라(Avalokidesvara)이며 자재로운 마음으로 중생을 지켜보고 이끄는 이

관정(灌頂): 산스크리트어 비쉭테(Vishikte) 또는 아비쉭테(Avishikte)이며, 수계하여 불문에 들어갈 때 물이나 향수를 정수리에 뿌린다는 뜻

구마라습: 산스크리트어로 쿠마라지바(Kumarajiva)이며 인도인이며 현장스님과 함께 산스크리트어 불경을 한자로 옮긴 학승

그라헤뱌하(Grahabyaha): 악한 횡성

금강(金剛): 산스크리트어로 바즈라(Vajra)이며 어떤것에도 부쉬질수 없는 가장 견고하다는 뜻이며 어떤것에도 바뀌어지지 않는 지혜를 말한다.

금강계(金剛界): 산스크리트어로 바즈라다투(Vajradatu)이며 금강 정경(金剛頂經)에 의거하여 대일여래(大日如來)의 지혜를 드러낸 부문으로, 그 지혜가 견고하여 모든 번뇌를 깨뜨리므로 금강(金剛)이라고 한다. 태장계는 여성적이며 금강계는 남성적이라고 한다.

금강계 만다라: 산스크리트어로 바즈라다투 만다라(Vajradatu Mandala)이며 밀교의 태장계 만다라와 함께 양계(兩界) 만다라로서만다라(西蔓茶羅)라고도 한다.

대일여래 이하 금강계 37존을 기본구성요소로 하는 보문(普門) 만다라이며 보통 9종의 만다라를 한 그림에 그린 금강계구회만다라(金剛界九會曼茶羅)를 가리킨다.

구회(九會)란 성신회(成身會), 삼매야회(三昧耶會), 미세회(微細會), 사인회(四印會), 일인회(一印會), 이취회(理趣會), 항삼세회(降三世會), 항삼세삼매야회(降三世三昧耶會)를 말하고, 회란 만다라를 뜻한다.

금강수보살(金剛手菩薩): 산스크리트어로 바즈라파니(Vajrapani), 바즈라다라(Vajradara)라고 하며 집금강보살(執金剛菩薩)이나 비밀주보살(秘密主菩薩)이라고도 한다. 또는 금강저(金剛杵)를 쥐고 있는 보살을 말하며, 또는 밀적금강역사(密迹金剛力士)를 말하기도 한다. 금강저는 모든 것을 깨뜨릴 수 있는 견고한 무기이며 번뇌를 부수는 보리심의 상징이다.

금강신(金剛身): 불변하는 진리 그 자체를 말하고 모든 분별과 번뇌를 깨뜨려 버린 주체이며, 마음이 견고하여 어떠한 것에도 흔들리지 않는 주체 또는 부처의 육신을 말하기도 한다.

금강장(金剛場): 산스크리트어로 바즈라 만다라(Vajra Mandala)를 말하며 붓다가 깨달음을 이룬 곳이며 우루벨라 마을의 네란자라 강변에 있는 붓다가야의 보리수(菩提樹) 아래를 말하는 것이다.

금강저(金剛杵): 산스크리트어로 바즈라(Vajra)이며 밀교의 법구(法具)의 하나로, 손잡이 양쪽 끝에 날카로운 고(鈷)를 달아서 절굿공이 모양을 한 것이며 인도의 무기였던 바즈라 또는 금강이 밀교(密敎)에 도입되어, 번뇌를 깨고, 본래의 불법을 나타내기 위한 도구이다.

게송(揭頌): 산스크리트어로 가타(Gatha)이며 부처님의 공덕을 찬양하는 노래나 시

나

나가(Naga): 산스크리트어로 용(龍)을 말한다.

나마(Nama): 인도어로 귀의 하다는 뜻

낙샤 트레뱌하(Naksha Trbhaha): 천체

닐라칸타(Nilakanta): 푸른 목을 가진 성스러운 존재

다

다라니(Dharani, 陀羅尼): 산스크리트어로는 신할라(Sinhala)이며 진언(眞言), 만트라,

성스러운 소리로알려져 있으며 부처님의 가르침의 핵심으로 신비한 힘을 가진 주문이며 총지(總持), 능지(能持), 능차(能遮)로 번역되며 부처님의 가르침을 마음 속에 간직하여 지니고 잊지 않게 하는 힘을 지니고 있다.

다르마(Dharma): 부처님의 가르침이나 진리 또는 법(法)을 말한다.

대흑천(大黑天): 산스크리트어로는 마하칼라(Mahakala)를 말한다. 원래 루드라(Rudra)를 말하며 포악 또는 대흑(大黑)으로 번역된다.

데바(Deva): 산스크리트어로 신(神)을 의마한다.

등정각(等正覺): 산스크리트어로는 삼약삼부타(Samyaksambuta) 이며 부처님의 열가지 이름중의 하나.

디바사 차라남(Davasa Caranam): 낮의 밀사

라

라가(Raga): 탐욕

라마(Rama): 인도의 비쉬누 신의 의 7번째 화신

락샤니남(Rashaninam): 나찰녀(羅刹女)로 번역되며 용모가 아름다우며, 큰 바다에 있는 섬에 살면서 사람을 잡아먹는다는 귀녀(鬼女).

라트리 차라남(Ratna Caranam): 밤의 밀사

락샤사(Rakshasa): 산스크리트어이며 나찰(羅刹)로 번역된다.

루드라(Rudra): 천명(天名), 가외(可畏), 대흑(大黑)으로도 번역된다.

리그베다(Rigaveda): 인도의 최초의 경전

마

마이트리(Maitri): 미륵불(彌勒佛)인 마이트레야의 어원이며 사무량심(四無量心)의 자(慈)로 번역이 되는 어원

마하(Maha): 위대한, 큰

마하무드라(Mahamudra): 마하는 크다는 의미이며 무드라는 손으로 맺는 비밀스런 수인(手印) 또는 결인(結印)말한다. 대법인(大法印)으로 한역(漢譯)되었다. 부처님은 손 뿐만 아니라, 몸으로도 깨달음의 세계를 보여주었다. 위대한 상징을 전체로서 보여주었다.

마누(Manu): 산스크리트어로 인간을 말한다.

마니보주: 산스크리트어로 마니(Mani)는 보물의 구슬을 의미하며 또는 여의주(如意珠), 보주(寶珠)를 말함. 이 구슬은 빛나고 깨끗하여 더러운 때가 묻지 아니한다고 함.

그리고 이 구슬은 용왕(龍王)의 두뇌(頭腦) 속에서 나온 것이라 하며, 사람이 이 보배를 가지면 나쁜 것들이 해하지 못하고, 불 속에 들어가도 불에 타지 않는다고 한다.

마헤쉬바라(Maheshvara): 인도의 3대신중에 파괴의 신이며 시바신 또는 대자대천(大自在天)으로 번역된다.

만두캬 우파니샤드(Mandukya Upanishad): 인도의 고대 주요 경전

만다라(Mandala): 인도에서 비밀수행을 할 때 악마들의 침입을 막기 위해 원형이나 방형을 그리거나 만들어 넣는 것.

만트라(Mantra): 진언(眞言)으로 번역되며 만트라는 산스크리트어로 마음의 소리이며 뜻이 있거나 뜻이 없거나 소리를 내거나 마음속으로 하거나 하여 마음을 안정시키고 본인의 몸과 마음과 생활에 변화를 준다고 하여 행하는 소리 또는 주문(呪文)

명주(明呪): 진언 또는 만트라(Mantra)를 말한다.
성스러운 소리이며 비밀스럽게 전승하여 내려오는 것이다.

모카흐(Mokah): 어리석은

바

바가반(Bhagavan): 세존(世尊), 부처님

바이로차나(Vairocana): 산스크리트 음역이며 비로자나라고 번역
된다. 본존불(本尊佛)이며 가장 중심되는 태양과 같다고 하여 대일여래
(大日如來)라 하였다.

백의(白衣): 산스크리트어로는 아바다타 바사나(Avadhata Vasana)
이며 재가인(在家人)을 말한다.

범천(梵天): 산스크리트어로는 브라흐마 데바(Brahma Deva)이며
색계(色界)의 초선천(初禪天)의 주인인 범천왕(梵天王)을 말한다.

법륜(法輪): 산스크리트어로는 다르마 차크라(Dharma Cakra)이며
부처님의 가르침을 전륜성왕(轉輪聖王)이 가지고 있는 진리의 바퀴를
돌리는 보물을 말한다.

법라: 진리의 소리를 내는 악기

보살(菩薩)–산스크리트어로 보디사트바(Bodhisattva)이며 깨달음의
지혜라는 뜻이며 나와 다른 이 또는 중생을 동시에 발전시키고
구한다는 마음을 지닌 대승불교의 핵심사상을 실천하고 중생을 다
구원할 때 까지 자신은 이세상에 남아 중생을 이끈다는 사상을 가진 이

부테뱌하(Butebhyaha): 귀신

불세존: 바가바테(Bhagavate)를 말하며 다름 말로는 바가반
(Bhagavan)이란 산스크리트어로 성스러운, 성자를 말한다.

브라흐마(Brahma): 인도의 3대 신 중의 하나이며 창조의 신

벨라 차라남(Bela Caranam): 시간의 밀사

비쉬누: 브라흐마, 비쉬누, 시바 인도의 3대 신중의 하나이며 유지의
신으로 알려져 있으며 10개의 화신으로 나타나 중생을 이롭게 한다고
알려져 있다.

비자야: 승리하다

사

사라수(沙羅樹): 산스크리트어로는 사라브륵사(Sarabrksha)이며, 강하고 본질적인 나무라는 뜻을 가지고 있다. 이 나무 밑에서 부처님이 깨달음을 얻고 또 열반을 하였다고 한다.

사대천왕(四大天王): 산스크리트어로 차투르 마하라자(Chatur Maharaja)이며 또는 로카팔라(Lokapala)이며 호세사천왕(護世四天王)이라고도 한다. 욕계육천(欲界六天)의 최하위를 차지한다. 수미산 정상의 중앙부에 있는 인드라인 제석천(帝釋天)을 섬기며, 불법(佛法)뿐 아니라, 불법에 귀의하는 사람들을 수호하는 호법신이다. 동쪽의 드르타라쉬트라(Dhrtarashtra)인 지국천왕(持國天王), 서쪽의 비루팍샤(Virupaksha)인 광목천왕(廣目天王), 남쪽의 비루다카(Virudhaka)인 증장천왕(增長天王), 북쪽의 바이쉬라바나(Vaishrabana)인 다문천왕(多聞天)을 말한다.

사무량심(四無量心): 불교의 가르침 중에 가장 중요한 4가지의 가르침인데 자비희사(慈悲喜捨)인 마이트리(Maitri), 카루나(Kauna), 무디타(Mudhita), 우페크샤(Upeksha)를 말하며 나와 다른 이를 동시에 발전시킨다는 덕목이다.

사무드라 바쉬시남(Samudra Vashsinam): 바다의 거주자

사바하(Savaha): 산스크리트어로 스바하(Svaha)이며 반야심경의 마지막 후렴구로 유명한데, 뜻은 영원하다는 것과 존재하다는 뜻을 가지고 있다.

사성제(四聖帝): 불교의 네가지 진리

사캬무니(Skyamuni): 한자로 석가모니(釋迦牟尼)로 음역되며 석가족의 성자라고 하며 나중에 수행을 하여 깨달음을 얻어 부처 또는 붓다가 되었다.

사브다(Sabda): 내면의 소리를 말한다.

삼계(三界): 산스크리트어로 트라요 다타바(Trayo Dhatava)이며 모든 중생들이 이 3개의 세계를 돌며 윤회한다고 한다. 욕계(欲界), 색계(色界), 무색계(無色界)를 말한다.

삼매(三昧): 산스크리트어로는 사마디(Samadhi)를 말하며 편안하고 집중되어 하나로되어 마음이 흔들리지 않는 고요한 상태에 드는 것을 말한다.

삼밀가지(三密加持): 삼밀가지란 불보살의 가호를 받아 중생이 깨달음의 경지로 들어가는 것을 말한다.

따라서 삼밀가지란 부처의 신(身)·구(口)·의(意) 삼밀(三密)과 중생의 신·구·의 삼밀이 일치하는 경지를 얻도록 수행하여 부처의 가피를 얻을 목적에서 행하는 수행법이다. 삼밀유가법(三密瑜加法) 이라고도 한다.

삼보(三寶): 불교의 핵심이며 세 가지의 보물인데 첫째는 부처님(佛) 이며 붓다이고 둘째는 부처님의 가르침(法)이며 다르마이며 세 번째는 승단(僧團)이며 스님들의 공동체를 말한다.

성문(聖聞): 산스크리트어로는 스라바카(Sravaka)이며 소리를 듣는 사람이라는 뜻이며 부처님 가르침을 듣고 깨닫는 이를 말한다.

수천(水天): 산스크리트어로 바루나(Varuna)이며 물의 신을 말한다.

세간(世間): 산스크리트어로는 로카(Loka) 즉 세계를 말한다.

세존(世尊): 산스크리트어로로는 바가반(Bhagavan) 또는 바가바트 (Bhagavat)이며 성스러운 이라고 한다.

부처님 또는 여래의 10가지 이름중의 하나이다. 세상에서 가장 높은이 또는 존경 받는이를 말한다.

승가(僧家): 산스크리트어로는 삼가(Samgha)를 말하며 불교의 세가지 보물이라해서 삼보(三寶)중의 하나이며 스님들의 공동체인 승단(僧團)을 말한다.

수트라(Sutra): 경전(經典)이라고도 해석이 되며 성스러운 말을 말하기도 한다.

시바(Siva): 인도의 주요 3신중의 하나이며 소멸 또는 재생의 신

싯담어(Sidham): 산스크리트의 변형된 언어로서 중국과 한국과 일본에서 경전에 많이 쓰여졌다.

십이인연(因然): 부처님이 깨우친 12가지의 미혹세계의 인과관계

십지(十地): 화엄경에 나오는 것이며 성문, 연각, 보살의 삼승이

공통으로 닦는 열 가지 수행 단계를 말하며

첫째인 건혜지(乾慧地)는 지혜는 있지만 아직 선정(禪定)의 물이 스며들어 있지 않음이며,

둘째인 성지(性地). 모든 현상을 있는 그대로 보아 그릇된 견해를 일으키지 않으며 지혜와 선정이 함께 하는 것이며,

셋째인 팔인지(八人地), 팔인(八人)은 팔인(八忍)과 같다. 욕계의 사제(四諦)와 색계, 무색계의 사제를 명료하게 주시하여 그것에 대한 미혹을 끊고 확실하게 인정하는 것이며,

넷째인 견지(見地)는 욕계・색계・무색계의 견혹(見惑)을 끊어 다시 범부의 상태로 후퇴하지 않는 경지이며,

다섯째인 박지(薄地)는 욕계의 수혹(修惑)을 대부분 끊는 것이며,

여섯째인 이욕지(離欲地)는 욕계의 수혹(修惑)을 완전히 끊는 것이며,

일곱번째인 이작지(已作地)는 욕계・색계・무색계의 모든 번뇌를 완전히 끊는 것이며,

여덟번째인 벽지불지(辟支佛地)은 스승 없이 홀로 연기(緣起)의 이치를 주시하여 깨달음을 성취하는 것이며,

아홉 번째인 보살지(菩薩地)는 보살이 처음 발심(發心)하여 깨달음을 이루기 전까지의 수행 과정을 말함이며,

열번 째인 불지(佛地)는 모든 번뇌를 완전히 끊어 열반을 성취한 부처의 경지를 말한다.

그리고 보살이 수행 과정에서 거치는 열 가지 단계가 있는데,

첫번째는 환희지(歡喜地)는 선근과 공덕을 원만히 쌓아 비로소 성자의 경지에 이르러 기쁨에 넘치는 것이며,

두번째인 이구지(離垢地)는 계율을 잘 지켜 마음의 때를 벗는 것이며,

세번째인 발광지(發光地)는 점점 지혜의 광명이 나타나는 것이며,

네번째인 염혜지(焰慧地)는 지혜의 광명이 번뇌를 태우는 것이며,

다섯번째인 난승지(難勝地)는 끊기 어려운 미세한 번뇌를 소멸시키는 것이며,

여섯번째인 현전지(現前地). 연기(緣起)에 대한 지혜가 바로 눈앞에 나타나며,

일곱번째인 원행지(遠行地)는 미혹한 세계에서 멀리 떠나는 것이며,

여덟번째인 부동지(不動地)는 모든 것에 집착하지 않는 지혜가 끊임없이 일어나 결코 번뇌에 동요하지 않는 것이며,

아홉번째인 선혜지(善慧地)는 걸림 없는 지혜로써 두루 가르침을 설하는 것이며,

열번째인 법운지(法雲地)는 지혜의 구름이 널리 진리의 비를 내리며 구름이 비를 내리듯이 부처의 가르침을 널리 중생들에게 설하는 것이다.

십일면관음: 11개의 얼굴의 가진 관음보살

아

아스타 시띠(Asta Siddhi): 8가지의 초능력을 말한다.

아그니(Agni): 불의 신이며 리그베다 첫 절에 나오는 신이다.

아귀(餓鬼): 산스크리트어로는 프레타(Preta)를 말하며 전생에 악업을 짓고 탐욕을 부린 자가 아귀로 태어나 괴로워한다는 것.

3가지의 아귀가 있는데 아무것도 먹을 수 없는 아귀가 있으며, 고름과 피를 먹는 아귀가 있으며, 사람이 남긴 것이나 주는 것만 먹을 수 있는 아귀를 말한다.

아라한(Arahan): 산스크리트어로 아라하트이며 응공(應供), 불생(不生), 무생(無生)이며 최고의 깨달음을 얻은 이를 말한다.

암리타(Amrita): 불사(不死)의 감로수

아벨라 차라남(Avela Caranam): 비시간의 밀사

아수라(Asura): 산스크리트어로 아수라는 전쟁을 일삼는 귀신이며 투쟁적인 악신으로 알려져 있다.

아카샤 마트리남(Akasha Mitrinam): 하늘(天空)의 어머니

야마(Yama)천: 불교의 우주관에서 설정한 욕계(欲界)의 6천(天) 가운데 제3천이며 수미산 꼭대기에 있는 도리천(忉利天) 위의 공간상에 위치하며, 수야마천(須夜摩天) 또는 염마천(焰摩天)이라고도 한다.

야차(夜叉): 산스크리트어로는 약사(Yaksa)이며 위덕(威德), 포악(暴惡)하다는 것으로 번역되었다.

약사유리광여래(藥師琉璃光如來): 산스크리트어로는 바이사쯔야구루 바이두리야 다타가타(Vaisajjya Vaiḍūrya Dattagata)를 말하며, 이 부처님은 12대원을 세워 중생의 질병을 치료하고 수명을 연장시켜 재화를 준다고 한다.

동방정유리 세계의 교주이며 동방의 정유리세계(淨琉璃世界)에 머물며 사람들의 사람들의 병을 고쳐주는 부처님

약쉬니남(Yakshsinam): 야차녀(夜叉女), 숲이나 나무에 사는 정령

여래(如來): 산스크리트어로 다타가타(Dathagata)를 말하며 타타는 언제나 또는 여실(如實), 진실이며 가타는 가다 또는 오다, 도달 하다는 뜻이 있다. 진리에 도달한 사람을 말한다.

진여(眞如)에서 나타났고 진리이며 위 없는 무상(無上)의 부처님을 말하며 부처님의 10가지 이름중의 하나.

여의보주(如意寶珠): 산스크리트어로 마니(Mani)이며 불교에서 말하는 신묘한 구슬. 이것을 가지면 원하는 대로 뜻이 이루어진다고 하는 것

연기(緣起): 산스크리트어로 프라티트야 삼무트파다(Pratitya Samm utpada)이다. 프라티트야는 '연결되어 일어난다'이며, 삼은 '결합하다'이며 우트파다는 '일어난다'는 뜻이다.

전체적으로 '말미암아 일어난다'는 뜻이다. 많은 조건과 원인이 연결되어 결과를 만들어내어 원인 없는 결과는 없다는 가르침.

열반(涅槃): 산스크리트어로 니르바나(Nirvana)를 말하며 해탈(解脫) 또는 적멸(寂滅)을 말한다. 완전히 번뇌의 불이 꺼져 깨달음을 완성한 경지.

외도(外道): 산스크리트어로는 티르타카(Tirtaka)이며 인도에서 불교 이외의 가르침을 말하였다.

우스니야(Usniya): 불정(佛頂), 부처님의 정수리

응공(應供): 산스크리트어로 아라한(Arahan)이며 깨달은 이

인드라 신: 산스크리트어로는 인드라(Indra)이며 제석천(帝釋天)을 말하며 인도신화에서 가장 뛰어난 신이며 비와 천둥과 번개를 관장하며 아수라(阿修羅)나 악마들과 싸워 인류를 보호하는 신으로 알려져 있다.

요게스바라(Yogesvara): 신성의 힘이 인격적으로 화현된 것을 말한다.

자

정등각자(正等覺者): 산스크리트어로 삼약삼 붓다(Samyaksam Buddha)이다.

주문(呪文): 진언 또는 만트라(Mantra)를 말하며 반복적으로 실천함으로 마음을 안정시키는 단어

차

천수천안(千手千眼): 천 개의 손과 눈을 가지고 중생을 보호한다는 관세음보살을 말한다.

청정관음(淸淨觀音): 자애롭고 푸른 목을 지닌 관음보살

총지(總持): 산스크리트어로 다라니(Darani)이며 집중을 말하며 또한 위대하여 언제나 고귀하여 잊어버리지 않고 간직하는 것

천녀(天女): 산스크리트어로는 데바칸야(Devakanya)이며 천상에 사는 여인이며 색계와 무색계가 끊어졌으므로 남녀구분이 없을 정도이다.

칠구지불모: 산스크리트어로는 사프타코티부따(Saptakotibuddha)를 말하며 준제관음(准提觀音)을 말하며 관음보살의 무변광대한 덕을 말한다.

카

카루나(Karuna): 자(慈) 또는 자비(慈悲)를 말한다.

카타 푸타네뱌하(Kata Putanebhyaha): 극취귀(極臭鬼)

크리쉬나(Krishna):인도의 비쉬누 신의 의 8번째 화신

킨나라(Kinara): 산스크리트어로 인비인(人非人)

쿰반데뱌하(Kumbandebhyaha): 옹형귀(甕形鬼)

타

태장계 만다라: 산스크리트어로는 가르바다투 만다라(Gharbadatu Mandala)이며 절대의 신 대일여래를 기초로 하였으며 여래(如來)의 보리심(菩提心) 및 대비심(大悲心)을 태아를 양육하는 모태에 비유하여, 이로부터 세계가 현현(顯現)되며, 실천적으로는 이를 증득(證得)하는 과정을 상징적으로 표현한 세계를 말한다.
태장계만다라가 여성적이라면 금강계 만다라는 남성적이라고 볼 수가 있다. 금강계만다라와 밀교의 양대산맥을 이룬다.

트리상댜 차라남(Trisandya Caranam): 삼연접점시(三連接點時)

파

파스마레뱌하(Pasmarebyaha): 뇌란동자(惱亂童子)

프레테뱌하(Pretebyaha): 아귀(餓鬼)

프라스나 우파니샤드(Prasna Upanishad): 인도의 고대경전

파드메(Padme): 연꽃을 말한다.

푸타네뱌하(Putanebyaha): 취귀(臭鬼)

풍천(風天): 산스크리트어로 마루타(Maruta)이며 바람의 신이다. 대풍천(大風天)은 마하 마루타(Maha Maruta)로 번역된다.

피사체뱌하(Pisacebyaha): 악한 행성

하

하스타(Hasta): 코끼리

현장(玄奘)**스님**: 당나라시대의 많은 산스크리트 불교경전을 한역한 최고의 학승

흑야신(黑夜神): 산스크리트어로 칼라라트리(Kalaratri)이며 길상천(吉祥天)의 누이동생으로 항상 길상천을 따라 모신다.

산스크리트(梵語) 발음 ═══════════

모음

① अ　A

② आ　Ā (길게)

③ इ　I

④ ई　Ī (길게)

⑤ उ　U

⑥ ऊ　Ū (길게)

⑦ ऋ　Ṛi

⑧ ॠ　Ṛī (길게)

⑨ ऌ　Ḷi

⑩ ए　E

⑪ ऐ　AI

⑫ आ　O

⑬ आ　AU

⑭ अं　AM (주로 ㅁ 또는 ㄴ 받침)

⑮ अः　AH

<참고>

이 책에 발음된 산스크리트 '모음'

• A와 Ā 는 모두 '아'로,

• I와 Ī 는 모두 '이'로,

• U 와 Ū 는 모두 '우'로,

• Ṛi와 Ṛī 는 모두 '리'로 표기

자음

(1) 후음: 㐀 ka ख kha ग ga घ gha ङ ṅa

(2) 구개음: च cha छ chha ज ja झ jha ञ ña य ya श śa

(3) 반설음: ट ṭa ठ ṭha ड ḍa ढ ḍha र ra ष sha

(4) 치음: त ta थ tha द da ध dha न na ल la स sa

(5) 순음: प pa फ pha ब ba भ bha म ma व va

(6) 기음: ह ha

<참고>
이 책에 발음된 산스크리트 '자음'
• ka와 kha 발음은 모두 '카'로
• ga와 gha 발음은 모두 '가'로,
• ja와 jha 발음은 모두 '자'로,
• ta와 tha, ṭa, ṭha 발음은 모두 '타'로,
• cha와 **chha** 발음은 모두 '차'로,
• da와 dha, ḍa, ḍha 발음은 모두 '다'로,
• pa와 pha 발음은 모두 '파'로,
• ba와 bha, va 발음은 모두 '바'로,
• s와 śa 발음은 모두 '사'로,
• sha 발음은 '샤'로,
• Na와 ña 발음은 모두 '나'로,
• ṅa 발음은 주로 'o' 받침으로 표기

모음

① 𑖀 A

② 𑖁 Ā (길게)

③ 𑖂 I

④ 𑖃 Ī (길게)

⑤ 𑖄 U

⑥ 𑖅 Ū (길게)

⑦ 𑖆 Ṛi

⑧ 𑖇 Ṛī (길게)

⑨ 𑖈 Ḷi

⑩ 𑖉 Ḷī (길게)

⑪ 𑖊 E

⑫ 𑖋 AI

⑬ 𑖌 O

⑭ 𑖍 AU

⑮ 𑖀𑖽 AM (주로 ㅁ 또는 ㄴ 받침)

⑯ 𑖀𑖾 AH

<참고>

이 책에 발음된 실담어 '모음'

•A와 Ā 는 모두 '아'로, •I와 Ī 는 모두 '이'로,

•U 와 Ū 는 모두 '우'로, •Ṛi와 Ṛī 는 모두 '리로 표기

자음

(1) 후음(喉音) : **ka** **kha** **ga** **gha** **ṅa**

(2) 구개음(口蓋音) : **cha** **chha** **ja** **jha** **ña**

(3) 반설음(半舌音) : **ṭa** **ṭha** **ḍa** **ḍha** **ṇa**

(4) 치음(齒音) : **ta** **tha** **da** **dha** **na**

(5) 순음(脣音) : **pa** **pha** **ba** **bha** **ma**

(6) 반모음(半母音) : **ya** **ra** **la** **va**

(7) 마찰음(摩擦音) : **śa** **ṣa** **sa**

(8) 기음(基音) : **ha**

<참고>

이 책에 발음된 실담어 "자음'

• ka와 **kha** 발음은 모두 '카' 로

• ga와 gha 발음은 모두 '가' 로,

• ja와 **jha** 발음은 모두 '자' 로,

• ta와 **tha, ṭa, ṭha** 발음은 모두 '타' 로,

• cha와 chha 발음은 모두 '차' 로,

• da와 **dha, ḍa, ḍha** 발음은 모두 '다' 로,

• pa와 pha 발음은 모두 '파' 로,

• ba와 bha, va 발음은 모두 '바' 로,

• s와 śa 발음은 모두 '사' 로,

• **sha** 발음은 '샤' 로,

• Na와 ña 발음은 모두 '나' 로,

• ṅa 발음은 주로 'o' 받침으로 표기